D1091674

OSHO

EL SENDERO DEL ZEN

Traducción del inglés de Miguel Portillo

editorial **K** airós

Numancia, 117-121
08029 Barcelona
www.editorialkairos.com

Título original: ZEN - THE PATH OF PARADOX VOL.1
Selección de textos

© 2002 Osho International Foundation
OSHO® es una marca registrada de Osho International Foundation
Bahnhofstr. 52. 8001 Zurich. Switzerland
www.osho.com
All rights reserved

© de la edición en castellano:
   2003 by Editorial Kairós, S.A.

Diseño cubierta: Agustín Pániker

Primera edición: Octubre 2003
Segunda edición: Noviembre 2004

I.S.B.N.: 84-7245-556-4
Depósito legal: B-44.273/2004

Fotocomposición: Pacmer, S.A. Alcolea, 106-108, bajos. 08014 Barcelona
Impresión y encuadernación: Romanyà/Valls, S.A., Verdaguer, 1, 08786 Capellades

*El material de este libro ha sido seleccionado entre varias charlas dadas por Osho ante una au-
diencia durante un periodo de más de treinta años. Todos los discursos de Osho han sido publicados
íntegramente en inglés y están también disponibles en audio. Las grabaciones originales de audio y
el archivo completo de textos se pueden encontrar on-line en la biblioteca de la www.osho.com.*

SUMARIO

EL SENDERO DEL ZEN

INTRODUCCIÓN

El zen va más allá del Buda y de Lao-tzu. Es su culminación, una trascendencia, tanto del genio índico como del chino. El genio índico alcanzó su cénit con el Buda Gautama, y el genio chino alcanzó su máximo apogeo con Lao-tzu. Y el encuentro... la esencia de la enseñanza del Buda y la de Lao-tzu se fusionaron en una corriente tan profunda que ahora ya no es posible separarlas. Ni siquiera es posible realizar una distinción entre lo que pertenece al Buda y lo que es de Lao-tzu; la fusión ha sido total. No sólo es una síntesis, sino una integración. De ese encuentro nació el zen. El zen no es budismo ni taoísmo, y no obstante, es ambos.

Llamar "budismo zen" al zen no es correcto porque es bastante más. El Buda no es tan terrenal como el zen. Lao-tzu es terriblemente terrenal, pero el zen no sólo es terrenal: su visión transforma la tierra en cielo. Lao-tzu es terrenal, el Buda es sobrenatural, y el zen es ambos... Y al ser ambos se ha convertido en un fenómeno de lo más extraordinario.

El futuro de la humanidad se acercará cada vez más al enfoque del zen, porque el encuentro entre Oriente y Occidente sólo es posible a través de algo como el zen, que es terrenal y sobrenatural a la vez. Occidente es muy terrenal, y Oriente muy sobrenatural. ¿Quién hará de puente? El Buda no puede serlo; es esencialmente oriental, el auténtico aroma de Orien-

> El futuro de la humanidad se acercará cada vez más al enfoque del zen, porque el encuentro entre Oriente y Occidente sólo es posible a través de algo como el zen, que es terrenal y sobrenatural a la vez.

te, la auténtica fragancia de Oriente, rotundo. Lao-tzu tampoco puede serlo: es demasiado terrenal. China siempre ha sido muy terrenal. China forma más parte de la psique occidental que de la oriental. No es una casualidad que China haya sido el primer país de Oriente que se haya vuelto comunista, materialista, que haya creído en una filosofía carente de divinidad, que haya creído que el hombre es sólo materia, y nada más. No ha sido por casualidad. China ha sido terrenal durante casi cinco mil años; es muy occidental. Por eso Lao-tzu no puede ser el puente; es como Zorba el Griego. El Buda es tan sobrenatural que no lo puedes atrapar... ¿Cómo podría ser el puente?

Cuando pienso en ello el zen me parece la única posibilidad, porque en el zen, el Buda y Lao-tzu se han convertido en uno. El encuentro ya ha tenido lugar. La semilla ya está ahí, la semilla del gran puente que puede convertir en uno a Oriente y Occidente. El zen será el punto de encuentro. Cuenta con un gran futuro... un gran pasado y un gran futuro.

Y el milagro radica en que el zen no esté interesado ni en el pasado ni en el futuro. Todo su interés está en el presente. Tal vez por eso sea posible el milagro, porque pasado y futuro están unidos por el presente.

El presente no forma parte del tiempo. ¿Habéis pensado en ello alguna vez? ¿Cómo es el presente de largo? El pasado tiene una duración, y también el futuro. ¿Pero cuánto dura el presente? ¿Cuánto dura? ¿Se puede medir el presente entre el pasado y el futuro? Es inconmensurable; casi no es. No es tiempo, para nada: es la infiltración de la eternidad en el tiempo.

El zen vive en el presente. Toda su enseñanza trata de cómo estar en el presente, de cómo salir del pasado, que ya no es, y de cómo no implicarse en el futuro, que todavía no es, estando enraizado, centrado, en lo que es.

El enfoque del zen es de inmediatez, pero por eso mismo puede tender un puente entre pasado y presente. Puede tender un puente entre muchas cosas: el pasado y el futuro, puede unir Oriente y Occidente, el cuerpo y el alma. Puede tender un puente entre los mundos irreconciliables: este mundo y el otro, entre el mundano y el sagrado.

1. CIELO VACÍO

Al igual que el cielo vacío, carece de límites, y no obstante está justo aquí, profundo y despejado. Cuando intentas conocerlo no puedes verlo, no puedes aprehenderlo, pero tampoco perderlo. Al no poder aprehenderlo acabas teniéndolo. Cuando guardas silencio, él habla; cuando hablas, él permanece en silencio. La gran puerta está abierta de par en par para repartir ofrendas, y ninguna multitud oculta el camino.

Primero algunas cosas básicas...

El zen no es una teología, es una religión. Una religión sin teología es un fenómeno único. Todas las demás religiones existen alrededor del concepto de Dios. Cuentan con teología. Están centradas en Dios o en el ser humano; pero el ser humano no es el fin, ni tampoco Dios. Tampoco lo son para el zen. Para el zen, el hombre es el objetivo, el hombre es el fin en sí mismo. Dios no es algo que esté por en-

Para el zen, el hombre es el objetivo, el hombre es el fin en sí mismo. Dios no es algo que esté por encima de la humanidad, sino que Dios es algo oculto en la humanidad. El ser humano lleva a Dios en sí mismo como potencial.

cima de la humanidad, sino que Dios es algo oculto *en* la humanidad. El ser humano lleva a Dios en sí mismo como potencial.

Por eso en el zen no existe concepto de Dios. Si lo prefieres, puedes decir que ni siquiera es una religión, porque ¿cómo puede haber alguna religión carente del concepto de Dios? Por eso, quienes han sido educados como cristianos, musulmanes, hinduistas o judíos no pueden concebir qué clase de religión es el zen. Si no hay Dios entonces es un ateísmo... pero no lo es. Es teísta hasta la médula, pero sin un Dios. Eso es lo primero que hay que comprender. Deja que vaya penetrando en tu interior, y las cosas se irán aclarando.

El zen dice que Dios no es extrínseco a la religión, es intrínseco. No está *allí*, sino *aquí*. De hecho, para el zen no hay "allí", sino que todo es aquí. Dios no es entonces, sino ahora... y no hay otro tiempo. No hay otro espacio, ni otro tiempo. Este momento lo es todo. En este momento converge toda la existencia, todo está disponible. Si no puedes verlo, eso no significa que no sea así, simplemente quiere decir que careces de la visión para verlo. A Dios no hay que buscarlo, sólo tienes que abrir los ojos. Dios ya es.

La oración es irrelevante en el zen. ¿A quién rezar? No hay ningún Dios sentado en algún sitio en los cielos y controlando la vida y la existencia. No hay controlador alguno. La vida se mueve en una armonía, por sí misma. No hay nadie fuera de ella que le dé órdenes. Cuando existe una autoridad externa se crea una especie de esclavitud. Un cristiano se convierte en esclavo, y lo mismo sucede con los musulmanes. Cuando Dios está por ahí dando órdenes, como mu-

> La vida se mueve en una armonía, por sí misma. No hay nadie fuera de ella que le dé órdenes. Cuando existe una autoridad externa se crea una especie de esclavitud.

cho puedes llegar a ser un servidor o un esclavo. Pierdes toda dignidad.

No es ese el caso con el zen. El zen te proporciona una tremenda dignidad. No hay ninguna autoridad en ninguna parte. La libertad es completa y fundamental.

Si Friedrich Nietzsche hubiera sabido algo sobre zen podría haberse convertido en místico en lugar de volverse loco. Dio con un importante hecho. Dijo: «Dios no existe. Dios ha muerto... y el hombre es libre». Pero básicamente Nietzsche creció en el mundo de los judíos y los cristianos, un mundo de miras muy estrechas, muy confinado y lleno de conceptos. Tropezó con una gran verdad: «Dios no existe. Dios ha muerto, y por tanto el hombre es libre». Fue a dar con la dignidad de la libertad, pero fue demasiado. Fue demasiado para su mente. Se volvió loco, se salió de sus casillas. Si hubiera sabido algo de zen podría haberse convertido en un místico, no había necesidad de enloquecer.

Uno puede ser religioso sin un Dios. De hecho, ¿cómo se puede ser religioso *con* un Dios? Ésa es la pregunta que hace el zen, una pregunta muy inquietante. ¿Cómo puede un ser humano ser religioso teniendo un Dios? Porque Dios destruirá tu libertad, te dominará. Puedes buscar en el Antiguo Testamento. Ahí Dios dice: «Soy un dios muy celoso, y no puedo tolerar ningún otro dios. Quienes no estén conmigo están contra mí. Y soy un dios muy violento y cruel, y os castigaré, y seréis arrojados a las llamas eternas del infierno». ¿Cómo puede nadie ser religioso con un dios así? ¿Cómo puedes llegar a ser libre y a florecer? Sin libertad no hay

Sin libertad no hay florecimiento que valga. ¿Cómo puedes alcanzar tu manifestación óptima cuando hay un dios que te confina y condena, forzándote a hacer las cosas de esta o aquella manera, manipulándote?

florecimiento que valga. ¿Cómo puedes alcanzar tu manifestación óptima cuando hay un dios que te confina, condena, forzándote a hacer las cosas de esta o aquella manera, manipulándote?

El zen dice que con Dios, el ser humano es un esclavo; con Dios, el ser humano seguirá siendo un adorador; con Dios el ser humano tendrá miedo. ¿Cómo puedes florecer si tienes miedo? Te encogerás, te secarás, empezarás a fenecer. El zen dice que cuando no hay Dios existe una libertad tremenda, que no hay ninguna autoridad en la existencia. De ahí surge una gran responsabilidad. Mira... si estás dominado por alguien no te puedes sentir responsable. La autoridad crea irresponsabilidad; la autoridad provoca resistencia; la autoridad crea reacción en tu interior, rebelión... querrás matar a Dios.

Eso es lo que Nietzsche quería decir cuando afirmó que Dios ha muerto; no es que Dios se haya suicidado, sino que ha sido asesinado. Debía serlo. Con él no era posible la libertad; sólo sin él. Pero entonces el propio Nietzsche se asustó. Para vivir sin Dios se necesita mucho coraje, mucha meditación, mucha conciencia... y eso no estaba presente en él. Por eso digo que dio con el hecho, que tropezó con él, no que lo descubriese. Iba palpando la oscuridad.

> El ser humano es responsable de sí mismo y del mundo en el que vive. Si existe sufrimiento, entonces eres responsable; no hay nadie más a quien acudir. No puedes sacudirte la responsabilidad de encima.

Para el zen es un descubrimiento. Es una verdad establecida: no hay Dios. El ser humano es responsable de sí mismo y del mundo en el que vive. Si existe sufrimiento, entonces eres responsable; no hay nadie más a quien acudir. No puedes sacudirte tu responsabilidad. Si el mundo es horrible y existe el dolor, entonces nosotros somos lo responsables, no hay nadie más. Si no crecemos no podemos echar la responsabilidad sobre hombros ajenos. Debemos hacernos responsables.

Cuando no hay Dios te ves remitido a ti mismo. Entonces creces. Debes crecer. Debes hacerte cargo de tu vida; debes tomar las riendas en tus manos. Ahora eres el señor. Deberás estar más alerta y consciente porque serás responsable de todo aquello que suceda. Eso da mucha responsabilidad. Uno empieza a estar más alerta, más atento. Uno empieza a vivir de una manera totalmente distinta. Uno se torna más observador. Uno se convierte en testigo.

Y cuando no hay más allá... el más allá está en tu interior. No hay más allá más allá de ti mismo. En el cristianismo, el más allá está más allá; en el zen, el más allá está en el interior. Así que la cuestión no radica en alzar los ojos al cielo y rezar... eso no tiene ningún sentido porque estás rezándole a un cielo vacío.

El cielo es de una conciencia mucho más inferior que tú. Hay quien le reza a los árboles. Los hinduistas le rezan a un árbol. Muchos hinduistas van al Ganges y le rezan al río, otros le dedican sus oraciones a una imagen de piedra, muchos rezan al cielo o a un concepto, a una idea. Lo más elevado reza a lo inferior.

La oración no tiene sentido, dice el zen. Sólo la meditación... No es que tengas que arrodillarte ante nadie, sino que debes deshacerte de ese viejo hábito de la esclavitud... Todo lo que necesitas es sosegarte y silenciarte e ir hacia tu interior para hallar el centro. Ese centro es también el centro de la existencia. Y cuando hayas alcanzado tu núcleo más íntimo habrás llegado al núcleo más íntimo de la propia existencia. Eso es Dios en el zen. Pero no lo llaman Dios. Y está bien que no lo hagan.

Así que lo primero que hay que recordar sobre el zen es que no es una teología, pero sí una religión, aunque también aquí radica una tremenda diferencia. No es una religión como el islam. El islam tiene tres pilares: un dios, un libro y un profeta. El zen no tiene dios, no tiene libro y no tiene profeta. Toda la existencia es la profecía de Dios; toda la existencia es su mensaje. Y recuerda: Dios no está separado de su mensaje. El mensaje en sí mismo es divino. No hay mensajero... todas esas tonterías están desechadas en el zen.

La teología aparece con un libro. Necesita una Biblia, necesita un Corán. Necesita un libro que pretenda ser santo, un libro que intenta decir que es especial, que no hay ningún otro libro igual, que es una bendición del cielo, un evangelio. El zen dice que todo es divino, ¿cómo puede haber algo especial? Todo es especial. Nada es no especial, y por eso nada puede ser especial. Cada hoja de cada árbol y cada canto rodado de cada orilla es especial, único, santo. No es que el Corán sea santo, no es que la Biblia sea sagrada. Cuando un amante escribe una carta a su amada, esa carta es sagrada.

> El zen dice que todo es divino, ¿cómo puede haber algo especial? Todo es especial. Nada es no especial, y por eso nada puede ser especial.

El zen manifiesta la santidad de la vida ordinaria.

Bokoju, un gran maestro zen, solía decir: «¡Qué maravilla! ¡Qué misterio! Corto leña y saco agua del pozo».

«¡Qué maravilla! ¡Qué misterio!» Cortar leña, sacar agua del pozo, y dice: «¡Qué misterio!». Eso es el espíritu zen. Transforma lo ordinario es extraordinario. Transforma lo profano en sagrado. Desecha la división entre el mundo y lo divino. Por eso digo que no es una teología, sino pura religión.

La teología contamina la religión. No existe diferencia entre un musulmán, un cristiano y un hinduista en lo que respecta a la religión, pero sí en la teología. Cuentan con teologías distintas. Y la gente se ha estado peleando a causa de esas teologías.

La religión es una; la teología es múltiple. Teología significa la filosofía acerca de Dios, la lógica acerca de Dios. Es un sinsentido porque no hay manera de demostrar a Dios ni de lo contrario. Los argumentos son simplemente irrelevantes. Sí, uno puede *experimentar*, pero no probar, y eso es lo que intenta hacer la teología. Y no deja de hacer cosas igualmente estúpidas, tratando de cortarlo todo con el patrón de la lógica. Cuando la miras a cierta distancia no puedes más que reírte, de lo ridícula que es.

En la Edad Media, los teólogos cristianos estaban muy preocupados, muy turbados, pasmados ante problemas que a ti no te lo parecerían. Por ejemplo, ¿cuántos ángeles pueden sostenerse sobre la punta de una aguja? Se han escrito libros acerca del tema, con argumentos estupendos...

El mulá Nasrudín, que tenía dos periquitos, envió a buscar al veterinario:

–Mis pájaros me preocupan –aseguró–. Hace una semana que no van al aseo.

El médico miró el interior de la jaula y preguntó:

–¿Pone siempre mapas de la Tierra en el fondo de la jaula?

–No –dijo el mulá Nasrudín–. Ése lo puse el sábado pasado, cuando se me acabaron los periódicos.

–¡Claro, eso lo explica todo! –replicó el veterinario–. Los periquitos son criaturas muy sensibles. ¡Se están aguantando porque imaginan que el planeta Tierra ya ha absorbido toda la mierda que podía!

> Una persona
> auténticamente religiosa
> carece de teología.
> Sí, tiene la experiencia,
> la verdad, esa
> luminosidad especial,
> pero no teología.

La teología es una porquería. Y por su causa las religiones han acabado envenenadas. Una persona auténticamente religiosa carece de teología. Sí, tiene la experiencia, la verdad, esa luminosidad especial, pero no teología. Pero ésta ha sido de gran ayuda para los eruditos y los *pundits,** para los que se dicen ilustrados. Ha sido muy interesante para los sacerdotes, los papas, para los *shankaracharyas.*** Les ha beneficiado mucho; todo su negocio depende de ella.

Pero el zen corta todo eso de raíz. Destruye todo el asunto de los sacerdotes. Se trata del negocio más sucio del mundo, porque se apoya en un gran engaño. El sacerdote no sabe, pero continúa predicando. El teólogo no sabe, pero continúa pergueñando teorías. Es tan ignorante como cualquier otra persona, puede que incluso más. Pero su ignorancia ha aprendido a explicarse como si supiese algo. Su ignorancia está muy decorada, a base de escrituras y teorías, está ornamentada de manera tan artera e inteligente que resulta muy difícil fijarse en el fallo. La teología no ha sido de ninguna ayuda para la humanidad, pero a los sacerdotes les ha sido de gran utilidad. Han podido explotar a la humanidad en nombre de estúpidas teorías.

> Dos psiquiatras se encuentran en un atestado restaurante y empiezan a hablar, y uno de ellos explica que está tratando un caso muy interesante de esquizofrenia. El otro contesta:

---

*   *Pundit:* del sánscrito *pandita,* que significa "docto", "sabio", "eurito". *(N. del T.)*
** *Shankaracharyas:* autoridades religiosas, detentadores oficiales del legado de Shankara (siglo XIX), impulsor del *advaita vedanta* (no dualista). *(N. del T.)*

–¿Y eso qué tiene de interesante? Los casos de personalidad dividida son bastante comunes, me atrevería a asegurar.

–Este caso es interesante porque... –respondió su colega– ¡Los dos pagan!

Así es como han vivido los teólogos. La teología es política, y divide a las personas. Y si puedes dividirlas entonces también puedes controlarlas.

El zen mira a la humanidad con una visión íntegra, indivisible. Su mirada es total. Por eso digo que el zen es la religión del futuro. La humanidad va avanzando lentamente hacia una conciencia que prescindirá de la teología y la religión se aceptará puramente como una experiencia.

> La teología es política, y divide a las personas. Y si puedes dividirlas entonces también puedes controlarlas. El zen mira a la humanidad con una visión íntegra, indivisible.

En japonés hay una palabra especial para designarlo. Lo llaman *konomama* o *sonomama*, ecceidad de la existencia, talidad. Esta talidad de la vida es Dios. No es que Dios exista, sino que la misma talidad es divina: la talidad de un árbol, la talidad de una roca, la talidad de un hombre, de una mujer, de un niño. Y esa talidad es un fenómeno indefinido, indefinible. Puedes disolverte en ella, puedes fundirte en ella, probarla: «¡Qué maravilla! ¡Qué misterio!», pero no puedes definirla, no puedes precisarla lógicamente, no puedes formularla mediante conceptos definidos. Los conceptos la matarían. Dejaría de haber talidad. Entonces se convertiría en una construcción mental.

La palabra "Dios" no es Dios; el concepto "Dios" no es Dios. Tampoco el concepto "amor" es el amor, ni la palabra "comida" se come. El zen dice algo muy simple. Dice que recuerdes que la carta donde aparece el menú no es la comida, y que no empieces a comértela. Eso es lo que ha estado ocurriendo desde hace siglos: que la gente se está comiendo la carta. Y claro, así les va: están desnutridos, no fluyen, no son vitales, no viven de manera total, es natural... predecible. No se han alimentado de comida de verdad. Se han pasado el tiempo hablando de comida y se han olvidado por completo de lo que es.

A Dios hay que comérselo, a Dios hay que probarlo, a Dios hay que vivirlo, y no discutir sobre él. El proceso de "discutir sobre" es la teología. Y ese "discutir sobre" no cesa de dar vueltas, y nunca llega a la cosa en sí. Es un círculo vicioso.

La lógica es un círculo vicioso, y el zen realiza todos los esfuerzos posibles para sacarte de ese círculo vicioso. ¿Y cómo es que la lógica es un círculo vicioso? La premisa ya implica la conclusión. La conclusión no será nada nuevo, pues está contenida en la premisa. Y también en la conclusión tenemos la premisa contenida.

Es como una semilla: el árbol está contenido en la semilla, y luego el árbol dará nacimiento a muchas más semillas, y en esas otras semillas también habrá árboles contenidos. Es un círculo vicioso: semilla, árbol, semilla... y así. O bien, el huevo y la gallina, la gallina y el huevo... sin fin, *ad infinitum*. Es un círculo.

De lo que trata el zen es de salir de ese círculo, de no seguir moviendo palabras y conceptos en la mente, sino de caer en la cuenta de la propia existencia.

Un gran maestro zen, Nan-in, se hallaba cortando leña en el bosque. Y llegó un profesor de universidad a visitarle.

Y claro, el profesor pensó: «Este leñador sabrá dónde vive Nan-in». Así que se lo preguntó. El leñador tomó el hacha en sus manos y dijo: «Me costó muy cara».

El profesor no le había preguntado nada sobre el hacha. Lo que hacía era preguntarle dónde vivía Nan-in; le preguntaba si le hallaría en el templo. Y Nan-in volvió a levantar el hacha y dijo: «Mírela, me costó muy cara». El profesor se sintió un tanto desconcertado, y antes de que pudiera escapar de allí, Nan-in se le acercó y le colocó el hacha en la cabeza. El profesor empezó a temblar y Nan-in dijo: «Tiene muy buen filo». ¡Y el profesor salió corriendo!

Más tarde, cuando llegó al templo, se enteró de que el leñador era nada más y nada menos que el propio Nan-in. Entonces le preguntó a uno de los discípulos:

–¿Es que se ha vuelto loco?

–No –aseguró el discípulo–. Usted le ha preguntado si estaba Nan-in y él ha respondido que sí. Le mostraba su ecceidad, su talidad. En ese momento era leñador, estaba totalmente absorbido en el filo del hacha. En ese momento era esa filosidad. Al ser tan inmediato, al estar tan en el presente, le estaba diciendo: «Soy en ella». Lo pasó usted por alto. Le estaba enseñando la cualidad del zen.

El zen es no conceptual, no intelectual. Es la única religión del mundo que predica inmediatez, inmediatez momento a momento... estar presente en el momento, ni en el pasado, ni en el futuro.

Pero la gente ha vivido entre teologías, y esas teologías les hacen ser infantiles, no les permiten crecer. No puedes crecer si estás confinado en una teología, siendo cristiano, hinduista, mahometano, o incluso budista. No puedes crecer; no tienes espacio interior suficiente para crecer. Estás muy confinado, en un espacio muy estrecho; estás prisionero.

Un joven predicador cogió cien mil dólares de la caja fuerte de la iglesia y los perdió jugando en la bolsa. A continuación le dejó su hermosa esposa. Lleno de desesperación fue hacia el río, y estaba a punto de tirarse del puente, cuando le detuvo una mujer que llevaba un abrigo negro, con una cara arrugada y el pelo gris greñoso.

–No saltes –dijo con voz áspera–. Soy una bruja, y te concedo tres deseos, ¡a cambio de que hagas algo por mí!

–No hay nada que pueda salvarme –contestó él.

–No digas tonterías –aseguró ella–. *¡Alakazam!* El dinero vuelve a estar en la caja de la iglesia. *¡Alakazam!* Tu esposa está esperándote amorosa en casa. *¡Alakazam!* ¡Ahora tienes doscientos mil dólares en el banco!

–¡Pero qué maravilla! –balbuceó el predicador– ¿Qué tengo que hacer por ti?

–Pasar la noche haciéndome el amor.

Pensar en dormir con aquella vieja bruja desdentada resultaba repelente, pero valía la pena, así que fueron a un motel cercano. Por la mañana, una vez pasada la ordalía nocturna, el sacerdote se hallaba vistiéndose para regresar a casa cuando el cardo borriquero que seguía en la cama le preguntó:

–Dime, cariño, ¿qué edad tienes?

–¡Tengo 42 años! –contestó él– ¿Por qué?

–¿No eres ya un poco mayor para seguir creyendo en brujas?

Eso es lo que pasa. Si crees en Dios puedes creer en una bruja, forman parte del mismo paquete. Si puedes creer en cualquier tipo de tontería, acabarás tragándotelas todas. Pero no llegas a crecer. Sigues infantiloide.

El zen significa madurez. El zen significa desechar todos los deseos y ver cuál es la situación. No interpongas tus sueños frente a la realidad. Límpiate los ojos de sueños, para así poder ver la situación. Esta talidad se llama *konomama* o *sonomama*. *Kono-* o *sonomama* significa la talidad de una cosa; la realidad es su talidad. Todas las ideologías impiden que lo veas. Las ideologías son vendas que te obstruyen la vista. Un cristiano no puede ver; tampoco puede un hinduista, ni un musulmán. Porque estáis tan llenos de ideas que sólo veis lo que queréis ver, no hacéis más que ver lo que no está presente, proyectáis, interpretáis, creáis una realidad propia y particular, que no está ahí. Eso crea una especie de delirio. Noventa y nueve de cada cien de vuestros pretendidos santos son gente que delira.

El zen proporciona cordura al mundo, cordura total. Desecha todas las ideologías. Dice: «Sé vacío. Mira sin ninguna idea. Mira en la naturaleza de las cosas pero sin ninguna idea, prejuicio ni presunción». No te preocupes... ése es uno de los fundamentos.

> El zen dice: «Sé vacío. Mira sin ninguna idea. Mira en la naturaleza de las cosas pero sin ninguna idea, prejuicio ni presunción».

Así que hay que abandonar la teología; si no, te mantendrá ocupado.

¿Ves cuál es la cuestión? Si tienes una idea, existe la posibilidad de que la encuentres en la realidad, porque la mente es muy, muy creativa. Y claro está, esa creación sólo será una imaginación. Si estás buscando a Cristo empezarás a tener visiones de Cristo, y todas ellas serán imaginarias. Si buscas a Krishna empezarás a ver a Krishna, y todas esas visiones serán imaginarias.

El zen es muy realista. Dice que hay que abandonar la imaginación. La imaginación proviene del pasado... llevas desde la infancia condicionado por ciertas ideas. Desde la infancia te han llevado a la iglesia, al templo, a la mezquita; te han llevado al erudito, al *pundit*, al sacerdote. Te han forzado a escuchar sermones... Han metido en tu mente todo tipo de cosas. No te aproximes a la realidad con toda esa carga; si no, no acabarás de saber lo que es.

Descargar, aligerar. Ese aligerar es zen.

Un ministro evangelista conducía un servicio religioso en un manicomio. Su discurso se vio súbitamente interrumpido por uno de los internos, que gritaba enloquecido:

–¡Me pregunto si tengo que estar escuchando todas estas tonterías!

El ministro, sorprendido y confuso, se volvió hacia el guardia y preguntó:

–¿Debo dejar de hablar?

El guardia respondió:

–No, no, siga usted, no volverá a ocurrir. Ese hombre sólo tiene un instante de cordura cada siete años.

Es muy difícil estar cuerdo en un mundo enloquecido.

El zen es sencillo pero difícil a la vez. Simple en lo que respecta al zen –es la cosa más simple del mundo, la más simple porque es espontánea–, pero muy difícil a causa de nuestras mentes condicionadas, a causa del mundo enloquecido en que vivimos, en que nos han criado, y que nos ha corrompido.

La segunda cosa es que el zen no es una filosofía, sino poesía. No propone, sino que simplemente persuade. No discute, simplemente canta su propia canción. Es estético hasta la médula, y para nada ascético. No cree en ser arrogante o agresivo hacia la realidad, sino en el amor. Cree que si participamos

> El zen no es una filosofía, sino poesía. No propone, sino que simplemente persuade. No discute, simplemente canta su propia canción.

con la realidad, ésta nos revelará sus secretos. Crea una conciencia participativa. Es poesía, es pura poesía... igual que es pura religión.

Al zen le interesa muchísimo la belleza. Está menos preocupado con la verdad, pero muy interesado por la belleza. ¿Por qué? Porque la verdad es un símbolo áspero. No sólo es seca en sí misma, sino que las personas que se interesan demasiado por ella también acaban "secándose". Empiezan a morir. Sus corazones se encogen, sus fluidos dejan de fluir. Se quedan sin amor, se tornan violentos, y empiezan a ser cada vez más en la cabeza.

Y el zen no es una cosa de la cabeza, sino total. No es que niegue la cabeza, sino que le otorga el lugar que le corresponde, no un estatus dominante. Debe funcionar con la totalidad... Las agallas son tan importantes como la cabeza, los pies son tan importantes como la cabeza, el corazón es tan importante como la cabeza. La totalidad debe funcionar como un organismo; ninguna parte debe ser dominada.

La filosofía está orientada hacia la cabeza; la poesía es más total. La poesía fluye más. La poesía se ocupa más de la belleza. Y la belleza es no violencia, amor, y compasión. El buscador zen mira en la realidad para hallar lo bello... en el canto de los pájaros, en los árboles, en la danza de un pavo real, en las nubes, en los relámpagos, en el mar, en la arena. Intenta buscar la hermosura.

Y claro está, buscar la hermosura tiene un impacto completamente distinto. Cuando buscas la verdad eres más masculino; cuando buscas belleza eres más femenino. Cuando buscas la verdad estás más preocupado por la razón; cuando buscas belleza estás cada vez más interesado por la intuición. El zen es femenino. La poesía es femenina. La filosofía es algo muy masculino, muy agresivo; es una mente masculina.

El zen es pasivo. Por eso, en el zen sentarse se convierte en una de las meditaciones más importantes. Sólo sentarse... *za-*

> El zen es pasivo. Por eso, en el zen sentarse se convierte en una de las meditaciones más importantes. Sólo sentarse... zazen. La gente zen dice que si simplemente te sientas, sin hacer nada, empiezan a suceder cosas.

zen. La gente zen dice que si simplemente te sientas, sin hacer nada, empiezan a suceder cosas. Las cosas empiezan a ocurrir por sí mismas; no necesitas ir tras ellas, ni ellas buscarte a ti, ni tú a ellas. Llegan por sí mismas. Tú simplemente permaneces sentado. Si puedes sentarte en silencio, si puedes caer en una tremenda quietud, si puedes relajarte, si puedes abandonar todas las tensiones y convertirte en un estanque silencioso de energía, sin ir a ninguna parte, sin buscar nada, Dios empieza a verterse en ti. Dios viene a ti desde todas partes. Sólo sentado, sin hacer nada, llega la primavera, y la hierba crece por sí misma.

Y recuerda, cuando el zen dice "sólo sentarse", quiere decir sólo sentarse, nada más, ni siquiera un mantra. Si repites un mantra entonces no estás sólo sentado, estás otra vez implicado en tonterías, dándole vueltas a algo mental. En cambio, si no haces nada de nada... Los pensamientos llegan y llegan, y luego se van... Si llegan, bien; si no llegan, bien. No te implicas en lo que sucede, estás simplemente sentado. Si te sientes cansado, te tiendes. Si sientes que las piernas se tensan, entonces estíralas. Permanece natural. Ni siquiera observes. No hagas esfuerzo alguno, de ningún tipo. Eso es lo que quieren decir cuando dicen "sólo sentarse". Sucede sólo sentándose.

El zen es el enfoque femenino, y la religión es básicamente femenina. La ciencia es masculina, la filosofía es masculina... la religión es femenina. Todo lo que tiene el mundo de hermoso –poesía, pintura, danza– proviene de la mente femenina.

No tiene por qué venir de las mujeres, porque las mujeres todavía no son libres para crear. Pero ya les llegará. Cuando el zen vaya cobrando importancia en el mundo, la mente femenina experimentará un gran despliegue, una enorme explosión. Las cosas se mueven al unísono. El pasado ha estado dominado por lo masculino, de ahí el islam, el cristianismo y el hinduismo. El futuro va a ser más femenino, más suave, más pasivo, más relajado, más estético, más poético. Y en esa atmósfera poética el zen se convertirá en la cosa más significativa del mundo.

La filosofía es lógica; la poesía es amor. La filosofía disecciona, analiza; la poesía sintetiza, une las cosas. La filosofía es básicamente destructiva; la poesía es revitalizadora. El análisis es el método de la filosofía, y el de la ciencia, y el de los psicoanalistas. Más tarde o más temprano, el psicoanálisis será reemplazado por la psicosíntesis, más profunda. Assagioli tiene mucha más razón que Sigmund Freud, porque la síntesis está más cerca de la verdad. El mundo es uno. Es una unidad. Nada está separado. Todo palpita a la vez. Estamos unidos unos a otros, interconectados. La vida entera es una red. Incluso la hojita más diminuta de uno de los árboles que rodea este auditorio está conectada con la más lejana de las estrellas. Si algo le sucede a esta hoja, entonces algo le acabará pasando a esa estrella distante. Todo es junto... es unidad. La existencia es una familia.

El zen dice que no disecciones, que no analices.

> A un granjero, que era testigo en un caso del ferrocarril allí en Vermont, le pidieron que explicase a su manera cómo había sucedido el accidente.

El mundo es uno. Es una unidad. Nada está separado. Todo palpita a la vez. Estamos unidos unos a otros, interconectados.

«Bueno, pues Jake y yo íbamos caminando por la vía cuando escuché un pitido, así que salí de ella y pasó el tren, y me volví a meter en la vía, pero ya no vi a Jake. Así que caminé un poco y no tardé en encontrar el gorro de Jake, y seguí andando y vi una de las piernas de Jake, y luego uno de sus brazos, y luego otra pierna, y por allí, a un lado, la cabeza de Jake. Así que me dije: "¡Carajo! ¡Algo le ha pasado a Jake!"».

Eso es lo que le ha ocurrido a la humanidad... algo le ha sucedido. Al ser humano le han despedazado. Ahora hay especialistas: los hay que se ocupan de los ojos, otros del corazón, y algunos más de la cabeza, e incluso de otras cosas. Así que el hombre está dividido.

El zen dice que el hombre es un organismo integral.

En la ciencia moderna se está imponiendo un nuevo concepto; lo denominan sinergia. Buckminster Fuller ha definido la sinergia como la característica de un sistema completo, un organismo. Un organismo tiene algo que no es sólo la suma total de sus partes... y se llama sinérgico; es decir, más que la simple suma de sus partes. Cuando estas partes están unidas en un todo operativo, funcionando perfectamente, aparece un dividendo sinérgico, el "tictac". Si abres un reloj y separas todos sus componentes, desaparece el tictac. Unes las partes de nuevo y el tictac vuelve a aparecer. El tictac es algo nuevo; ninguna parte puede responsabilizarse de él; no pertenece a ningún componente en especial. El todo es el que hace tictac.

Este "tictac" es el alma. Si me cortas la mano, si me cortas la pierna, si me cortas la cabeza,

> Dios es una experiencia sinérgica. La ciencia no puede revelarlo, ni tampoco la filosofía. Sólo puede hacerlo un enfoque poético, muy pasivo, muy amoroso.

el tictac desaparece. El tictac es el alma. Pero sólo permanece en una unidad orgánica.

"Dios" es el tictac de toda esta existencia. Diseccionando no puedes hallar a Dios; a Dios sólo se le puede encontrar en una visión de unidad poética. Dios es una experiencia sinérgica. La ciencia no puede revelarlo, ni tampoco la filosofía. Sólo puede hacerlo un enfoque poético, muy pasivo, muy amoroso. Cuando caes en la cuenta de tu relación con la existencia, cuando dejas de estar separado como buscador, cuando dejas de estar separado como observador, cuando dejas de observar, cuando te pierdes en ello, del todo, entonces allí, en el fondo está... el tictac.

La tercera cuestión es que el zen no es ciencia, sino magia. Pero no es la magia de los magos, es la magia de una manera de ver la vida. La ciencia es intelectual. Es un esfuerzo por destruir el misterio de la vida. Aniquila la maravilla. Está contra lo milagroso. El zen está totalmente a favor de lo milagroso, de lo misterioso.

El misterio de la vida no debe resolverse porque *no puede* ser resuelto. Debe ser vivido. Uno debe subirse a él, amarlo. Que la vida sea un misterio es una gran alegría, y algo que debe celebrarse. El zen es magia. Te da la llave para abrir lo milagroso. Y lo milagroso está en ti, y la llave también está en ti.

Cuando vas a ver a un maestro zen, él sólo te ayuda a estar silencioso, de manera que puedas hallar tu propia llave, que llevas encima desde hace mucho tiempo. Y así hallarás tu puerta –que está ahí–, y podrás penetrar en tu santuario más íntimo.

> El misterio de la vida no debe resolverse porque *no puede* ser resuelto. Debe ser vivido. Uno debe subirse a él, amarlo. Que la vida sea un misterio es una gran alegría, y algo que debe celebrarse.

> El zen no es moralidad, es estética. No impone un código moral, no te da ningún mandamiento tipo "haz esto o no hagas lo otro".

Y el último punto fundamental acerca del zen: el zen no es moralidad, sino estética. No impone un código moral, no te da ningún mandamiento tipo "haz esto o no hagas lo otro". Simplemente te hace más sensible a la belleza, y esa sensibilidad se convierte en tu moral. Pero a continuación se alza más allá de ti, fuera de tu conciencia. El zen no te proporciona ninguna conciencia, ni está contra ninguna; simplemente te proporciona más conciencia, y tu "más conciencia" se torna tu conciencia. No hay ningún Moisés que te dé mandamientos, ni viene de la Biblia, el Corán o los Vedas... no viene de fuera. Viene de tu centro más íntimo.

Y cuando proviene de ahí, no es esclavitud, sino libertad. Cuando proviene de ahí, no es algo que haya que cumplir como un deber, de mala gana. Disfrutas haciéndolo. Se convierte en tu amor.

Ésos son los fundamentos.

Y ahora este profundo *sutra*:

Al igual que el cielo vacío, carece de límites,
y no obstante está justo aquí, profundo y despejado.

Poned "Dios" después de "vacío", y antes de "está" y comprenderéis de inmediato, pero la gente zen no utiliza la palabra "Dios", sino que hablan de "ello".

Al igual que el cielo vacío, carece de límites,
y no obstante está justo aquí, profundo y despejado.

Si empiezas a buscar por el cielo, nunca lo hallarás. Si empiezas a buscar y te lo tomas muy en serio, nunca encontrarás el cielo. ¿Dónde lo hallarás? El cielo no está *en algún sitio*, está *en todas partes*... Y lo que está en todas partes no puede buscarse. No se puede localizar; no puedes decir que está en el norte, ni en el sur, no puedes decir que está *ahí*... porque está *en todas partes*. Lo que está en todas partes no puede encontrarse *en algún sitio*. ¿Dónde buscarás? Empezarás a dar vueltas por el cielo, de aquí para allá. Y todo es cielo. Dios es como el cielo, como el cielo vacío. Carece de límites, así que no puede ser definido. No puedes decir dónde comienza y dónde acaba. Es externo, infinito... y no obstante, está justo aquí, justo enfrente de ti. Si estás relajado, ahí está; si estás tenso, desaparece.

Un maestro zen solía decir: «Está claro, así que es difícil de ver. Había una vez un tonto que buscaba una hoguera con un farol encendido. Si hubiera sabido lo que era el fuego, hubiera podido prepararse mucho antes el arroz».

Ahora estás buscando un fuego con un farol encendido, y resulta que ya llevas ese fuego en las manos desde siempre. Sí, el maestro zen tenía razón: si hubieras sabido lo que era el fuego, podrías haberte preparado mucho antes el arroz. Y tienes hambre, hace siglos que tienes hambre, llevas teniendo hambre toda la eternidad. Y has estado buscando fuego con un farol encendido en la mano.

La gente va por ahí preguntando que dónde está Dios, y lo tienen justo enfrente. Os rodea. Está dentro y fuera porque sólo

> Un maestro zen solía decir: «Está claro, así que es difícil de ver. Había una vez un tonto que buscaba una hoguera con un farol encendido. Si hubiera sabido lo que era el fuego, hubiera podido prepararse mucho antes el arroz».

él es. Pero la gente zen lo llama "ello" o "eso", o no lo nombra, de manera que no se quedan atrapados en la palabra "Dios".

Cuando intentas conocerlo, no puedes verlo.

¿Por qué? Porque cuando quieres conocerlo, tu propio querer se convierte en algo tenso. Te estrechas, te concentras. *Cuando intentas conocerlo no puedes verlo.* Lo pierdes, porque sólo puede ser visto cuando se está completamente relajado, totalmente abierto, cuando no se está concentrado.

Escucha. Por lo general, la gente que no sabe qué es la meditación escribe que la meditación es concentración. Existen miles de libros en los que hallarás esa afirmación, esa estupidez, que la meditación es concentración. Pero la meditación no es concentración... Es lo último que la meditación puede ser. De hecho, concentración es justo lo contrario. En la concentración se está tenso, centrado, buscando algo. Sí, la concentración está muy bien cuando buscas cosas diminutas. Si lo que buscas es una hormiga, entonces la concentración es estupenda... pero no para buscar a Dios. Dios es tan vasto, tan tremendamente vasto... Si buscas mediante la concentración, encontrarás una hormiga, pero no a Dios. Para Dios deberás estar completamente abierto, inconcentrado, abierto por todas partes, sin buscar, sin mirar. Una conciencia desenfocada, eso es la meditación... conciencia sin enfoque.

Si enciendes una lamparita, la luz está sin enfocar, se desparrama en todas las direcciones. No va a ninguna parte, está simplemente ahí, cayendo en todas las direcciones. Todas las direcciones se llenan de ella. Luego está la linterna. Una linterna es como la concentración; está enfocada. Cuando quieres buscar a Dios, la linterna no te sirve, pero la lamparita sí. Si lo que buscas es una hormiga, entonces fenomenal; si buscas una rata, fantástico, la linterna te servirá. Para lo pequeño hace falta una conciencia enfocada.

En ciencia, la concentración es perfectamente correcta. La ciencia no puede existir sin concentración... busca lo pequeño, y más pequeño, y cada vez más pequeño... busca la molécula, y luego el átomo y a continuación el electrón y más tarde el neutrón. Busca y busca lo pequeño, toda su búsqueda es andar tras lo cada vez más pequeño. Así que la ciencia cada vez se concentra más y más, se enfoca.

La religión es justo lo contrario: desenfocada, "infocada", amplia, abierta en todas las direcciones, a todos los vientos. Con todas las puertas y ventanas abiertas. Abajo los muros, uno es simplemente una apertura.

Cuando intentas conocerlo, no puedes verlo.

Así que el mismo esfuerzo por tratar de verlo, el propio deseo de verlo, se convierte en un obstáculo. No busques a Dios. No busques la verdad. En lugar de ello, crea la situación de desenfoque y Dios vendrá a ti... vendrá a ti. Está ahí.

Hay una anécdota muy famosa acerca de una de las mujeres más extrañas del mundo, Rabiya.

> No busques a Dios.
> No busques la verdad.
> En lugar de ello,
> crea la situación
> de desenfoque y Dios
> vendrá a ti... vendrá
> a ti. Está ahí.

A Rabiya la acompañaba un místico sufí. Se llamaba Hassán. Este hombre debía haber escuchado la frase de Jesús «Llama y se te abrirá. Pídelo y se te dará. Busca y lo hallarás». Así que cada día, en sus oraciones matinales, en las de la tarde, las vespertinas, las nocturnas –los musulmanes rezan cinco veces al día–, le decía a Dios: «Estoy llamando muchísimo. ¿Por qué no se ha abierto todavía? Me estoy rompiendo la cabeza contra tu puerta, Señor. Ábrela».

Un día, Rabiya le escuchó. Y también un segundo día. Y un tercero. Luego le dijo: «¿Cuándo mirarás Hassán? La puerta está abierta. No dices más que tonterías: "Estoy llamando, estoy llamando", y la puerta lleva abierta desde siempre. ¡Mira! Pero estás demasiado ocupado con tu llamar y preguntando, deseando y buscando, y no puedes verlo. La puerta está abierta».

Rabiya tiene muchísima más razón que Jesucristo. La frase de Jesucristo pertenece a un plano inferior. Está bien para el nivel de guardería, para aquellos que todavía no empezaron a buscar. Para ellos hay que decir: «Busca, mira, llama». Y hay que ofrecerles una garantía; sino, no buscarán. Una garantía que diga: «Llama y se te abrirá. Pídelo y se te dará».

Lo que dice Rabiya es puro zen: «Mira, tonto, la puerta lleva abierta desde siempre. Y al pedir y gritar ¡no has conseguido más que cerrar los ojos! Sólo tienes que abrir los ojos. La puerta siempre ha estado abierta».

Dios siempre ha estado disponible. Dios está incondicionalmente disponible.

Cuando intentas conocerlo, no puedes verlo,
no puedes aprehenderlo, pero tampoco perderlo.

> Todo lo que es grande no puede ser poseído, y eso precisamente es una de las tonterías más grandes que sigue haciendo el ser humano. Queremos poseer.

Fíjate en la belleza de esa frase. *No puedes aprehenderlo.* Si quieres poseer a Dios, te será imposible. A Dios no se le puede poseer. Todo lo que es grande no puede ser poseído, y eso precisamente es una de las tonterías más grandes que sigue haciendo el ser humano. Queremos poseer. Te enamoras y entonces quieres poseer, y al hacerlo destruyes el amor. El amor es la cualidad de Dios.

Jesús lo dijo de manera muy exacta: «Dios es amor». Si realmente quieres estar enamorado de Dios, no intentes poseerlo. Al poseerlo lo matas, lo envenenas. Eres tan pequeño... y el amor tan grande... ¿Cómo podrías poseerlo? Puedes ser poseído por él, cierto, pero no al revés. Lo pequeño no puede poseer a lo más grande. Es muy sencillo pero muy difícil de comprender.

Cuando amamos a alguien queremos poseer el amor, queremos poseer al ser amado, al amante. Queremos dominar por completo porque tememos que alguien se lo pueda llevar. Pero desaparecerá antes de que alguien se lo lleve. Dejará de estar ahí. En el momento en que empiezas a pensar en poseer, lo has matado. Ahora será algo muerto, un cadáver. La vida habrá desaparecido.

La vida no puede poseerse porque es Dios. La existencia no puede ser poseída porque es Dios.

Hay veces en que ves una flor hermosa –una rosa en un arbusto– e inmediatamente la arrancas de él. La quieres poseer. ¡Pero la has matado! Ahora, sí, te la pondrás en el ojal, pero estará muerta, será un cadáver. Ha dejado de ser hermosa. ¿Cómo puede ser hermosa si está muerta? Es sólo un recuerdo que va desvaneciéndose. Estaba tan viva cuando se hallaba en el arbusto... Era tan joven y tal feliz, y había tanta vida en ella, que hasta era pura música. Pero lo has matado todo. Y ahora llevas una flor muerta en el ojal.

Y lo mismo hacemos con todo. Tanto si es belleza, como amor, o Dios. Todo lo queremos poseer.

No puedes aprehenderlo –recuerda–, *pero tampoco perderlo.*

Qué hermoso. Sí, no puedes poseerlo, pero tampoco hay manera de que lo pierdas. Está ahí. Siempre está ahí. Si permaneces en silencio empezarás a sentirlo. Debes sintonizarte con ello. Para poder escucharlo debes guardar silencio. Debes permanecer en silencio para que la danza de Dios pueda penetrar en ti, para que Dios pueda vibrar en ti, para que Dios palpite en ti. Debes abandonar tu ajetreo, tu prisa, tus ideas de ir aquí y allá, de llegar, de convertirte, de ser esto o lo otro. Debes dejar de devenir. Y ahí estará; no puedes perderlo.

Al no poder aprehenderlo acabas teniéndolo.

En el momento en que comprendes que no puedes poseerlo, y abandonas tu posesividad, ahí está... lo habrás conseguido. En el momento en que comprendas que el amor no puede poseerse, surgirá en ti una gran comprensión y lo tendrás, y será para siempre. No podrás agotarlo.

Pero sólo lo tendrás cuando hayas comprendido la cuestión de que no puede poseerse, de que no hay manera de conseguirlo.

Y ésa es la paradoja zen; el zen es el camino de la paradoja. Dice que si quieres poseer a Dios, por favor, no lo hagas... y lo poseerás. Si quieres poseer el amor, no lo poseas, y ahí estará, tuyo para siempre. No puedes perderlo; no es posible perderlo.

> Si quieres poseer el amor, no lo poseas, y ahí estará, tuyo para siempre. No puedes perderlo; no es posible perderlo.

Cuando guardas silencio, él habla; cuando hablas, él permanece en silencio

No podéis hablar ambos a la vez. Martin Buber ha convertido la palabra "diálogo" en algo muy importante en el mundo occidental. La suya ha sido una gran revelación, pero no está a la altura del zen. Martin Buber dice que la oración es un diálogo. En dicho diálogo le hablas a Dios, y Dios te habla a ti. Un diálogo ha de contar con dos partes. Y claro está, un diálogo es una relación "yo-tú". Es una relación, estás en relación.

El zen dice que eso no es posible. Si hablas, Dios permanece en silencio. Cuando hablas y provocas ruido en la cabeza, él desaparece... porque su voz es tan calma y pequeña, tan silente, que sólo puede escucharse cuando guardas un profundo silencio. No es un diálogo, sino una escucha pasiva.

O tú hablas y Dios no está, o bien habla Dios y eres tú el que no estás. Si te disuelves, si desapareces, entonces le escuchas. Entonces él habla desde todas partes –en cada trino de cada pájaro y en cada murmullo de todos los arroyos, y en el viento al acariciar cada pino–. Está en todas partes... pero tú estás en silencio.

Cuando guardas silencio, él habla; cuando hablas, él permanece en silencio
La gran puerta está abierta de par en par para repartir ofrendas, y ninguna multitud oculta el camino.

No hay competencia, nadie bloquea tu camino, no hay competidores. No necesitas tener prisa. No necesitas realizar ningún esfuerzo. No hay nadie compitiendo contigo, ni nadie se interpone en tu camino... sólo está Dios, sólo Dios. Puedes relajarte. No tienes por qué pensar que lo perderás. No puedes perderlo en la propia naturaleza de las cosas. No puedes perderlo. Relájate.

Todas esas frases no son más que una ayuda para que te relajes. A Dios no se le puede perder... así que relájate. No hay

> No busques,
> no preguntes, no llames,
> no pidas... relájate.
> Si te relajas, llega.
> Si te relajas, está ahí.
> Si te relajas, empiezas
> a vibras con ello.

nadie bloqueándote el paso... así que relájate. No hay prisa porque Dios no es una cosa en el tiempo... relájate. No hay ningún sitio al que ir porque Dios no está en una estrella lejana... relájate. No puedes pasarlo por alto en la propia naturaleza de las cosas... así que relájate.

El mensaje de esas frases paradójicas es... relájate. Puede condensarse en una sola cosa: relájate.. No busques, no preguntes, no llames, no pidas... relájate. Si te relajas, llega. Si te relajas, está ahí. Si te relajas, empiezas a vibras con ello.

Eso es lo que el zen llama *satori*. Una relajación total de tu ser, un estado de conciencia donde no hay más devenir; cuando dejas de estar orientado hacia los resultados, cuando ya no vas a ninguna parte. Cuando no existe objetivo, cuando han desaparecido todos los objetivos y se han dejado atrás todos los propósitos; cuando eres, cuando simplemente eres... en ese momento de talidad te disuelves en la totalidad y surge un nuevo "tictac" que nunca había estado presente. Ese tictac se llama *satori*, *samadhi*, iluminación.

Puede suceder en cualquier situación, siempre que sintonices con el todo.

Una última cosa: el zen no es serio. Cuenta con un tremendo sentido del humor. Ninguna otra religión ha evolucionado tanto como para tener ese sentido del humor. El zen tiene algo de carcajada, es festivo. El espíritu del zen es de celebración.

Las demás religiones son muy serias, como si llegar a Dios fuese algo muy pesado. Como si alguien les fuese a quitar a Dios, como si Dios intentase ocultarse; como si Dios crease obstáculos a sabiendas, de manera deliberada. Como si hubiese una gran competencia y no hubiese suficiente Dios para todos, como si Dios fuese dinero y no hubiese bastante para repartir. Si no lo pillas de inmediato, antes que otros, esos otros te lo quitarán. Todos son gente muy seria, con una orientación monetarista y de resultados, pero no gente religiosa.

> El zen no es serio. Cuenta con un tremendo sentido del humor. Ninguna otra religión ha evolucionado tanto como para tener ese sentido del humor.

Dios es grande, enorme. Es la totalidad de la existencia, así que ¿quién puede agotarla? No hace falta tener miedo de que alguien se haga con él antes que tú y que cuando tú llegues ya no quede nada. No se trata de una pelea, de una competición. Y además, hay un tiempo eterno disponible. No tengas prisa y no te pongas serio.

Las caras largas no son auténticos rostros religiosos. Están simplemente diciendo que no lo han comprendido, si no se reirían. La risa es consustancial al zen, y por ello digo que por el momento es la religión más elevada. No convierte la vida en algo feo, no te incapacita; te hace bailar, te hace disfrutar.

Llevaron a un niño a visitar por primera vez el famoso Museo de Cera de madame Tussaud, en Londres. La visita le deprimió enormemente. Así que su madre intentó animarle:

–Verás, cariño, todos esos hombres y mujeres son personas famosas que vivieron hace mucho tiempo. Ahora están todos muertos.

El humor del chiquillo se ensombreció todavía más:

–¡Así que esto es el cielo!

Ése es el peligro. Si vas a parar a un cielo cristiano te hallarás en algo parecido. No tienes más que pensar en la horrible pesadilla que sería vivir con santos cristianos.

Alguien le preguntó una vez a un maestro zen por qué no había santos en la tierra. Se rió y dijo: «Están bien en el cielo porque es muy difícil vivir con ellos. Tenemos suerte de que no estén aquí en la tierra. Déjalos que continúen allí».

Sí está bien. Imagina lo que puede ser vivir con un santo... ¡Acabarías suicidándote!

El zen aporta carcajadas y una nueva brisa a la religión. El zen es graciosamente religioso. Es un enfoque totalmente distinto, más saludable, más natural.

Éstas son las cosas fundamentales acerca del zen. Puede que lo haya explicado con demasiada rapidez...

Escucha la siguiente historia:

> Pop Gabardine, entrenador de un equipo de fútbol americano del mediooeste estadounidense, había visto perder a su equipo ocho sábados seguidos, y en la última ocasión por un humillante 52-0. En la concentración del equipo del lunes siguiente, Pop dijo con amargura: «Es el último partido de la temporada, así que más vale que os olvidéis de los últimos trucos que intenté enseñaros, sois unos tarugos. Repasemos lo básico otra vez. Vamos a ver. Lección número uno: este objeto que sostengo se conoce como "pelota de fútbol". Lección numero dos:...».
>
> Llegados a ese punto, el entrenador Gabardine fue interrumpido por un preocupado defensa que se hallaba sentado en la primera fila, que le rogó: «Eh, Pop, no tan rápido».

He ido muy deprisa pero espero que no seáis unos tarugos. Confío en vuestra inteligencia.

2. DEMASIADO ZEN

Un maestro zen señaló lacónicamente a un estudiante que llevaba cierto tiempo hablando acerca de teoría zen:
—Tienes demasiado zen.
—Pero ¿no es natural que un estudiante zen hable de zen? —preguntó el estudiante, perplejo—. ¿Por qué odia hablar de zen?
—Porque —replicó llanamente el maestro—, ¡se me revuelve el estómago!

«Ni palabra», dice Bodhidharma, el fundador del zen, porque con las palabras empieza el mundo. Eso es exactamente lo que afirma la Biblia: «En el principio fue el Verbo». Y al final también está el Verbo.

En el momento en que penetras en el mundo de las palabras empiezas a desviarte de lo que es. Cuanto más profundizas en el lenguaje, más te alejas de la existencia. El lenguaje es una gran falsificación. No es un puente, no es una comunicación, sino una barrera

Dice Bodhidharma: «Ni palabra». Si tu mente no crea palabra alguna, en ese silencio está Dios, o la verdad, o el nirvana. En el momento en que aparecen las palabras, dejas de estar en tu propio ser. Te has alejado. La palabra te arrastra a un viaje que te aleja de ti mismo. De hecho, en realidad, no

> En el momento en que penetras en el mundo de las palabras empiezas a desviarte de lo que es. Cuanto más profundizas en el lenguaje, más te alejas de la existencia.

puedes alejarte de ti mismo, pero puedes soñar con ello. De hecho, siempre estás ahí, y sólo puedes estar ahí, y en ningún otro sitio, pero no obstante, te duermes y puedes soñar mil y un sueños.

Permite que te vuelva a contar una de las historias más bellas jamás inventadas, la de la caída de Adán. Dice la historia que Dios le prohibió a Adán comer del Árbol del Conocimiento. El zen estaría perfectamente de acuerdo, porque es el conocimiento lo que te hace estúpido, es el conocimiento el que no te deja saber. Adán era capaz de saber antes de comer el fruto del Árbol del Conocimiento. En el momento en que comió conocimiento, en el momento en que se transformó en conocedor, dejó de saber. Perdió la inocencia y se tornó astuto y listo. Pero perdió la inteligencia. Sí, empezó a aumentar su intelecto, pero la inteligencia desapareció. El intelecto no tiene nada que ver con la inteligencia; es justo lo contrario, lo opuesto. Cuanto más intelectual eres, menos inteligente acabas siendo.

El intelecto es un sustituto para ocultar tu inteligencia; es una falsificación. Careces de inteligencia, así que la sustituyes mediante el intelecto. Resulta más barato, claro. Lo puedes adquirir en cualquier parte, hay en todos los sitios. De hecho, la gente está siempre dispuesta a impartirte su conocimiento. Están listos a echar su basura encima de ti.

Adán se tornó conocedor; por eso cayó. Así pues, el conocimiento es la caída.

La historia dice que comió una manzana, un fruto, del Árbol del Conocimiento. No podía ser una manzana. Las manzanas no crecen en el Árbol del Conocimiento. Esta historia ha perdido el hilo en alguna parte. Las manzanas son inocentes, y no te echan del cielo sólo porque te comas una; no te pueden expulsar. Dios no puede enfadarse tanto contigo. No, no puede tratarse de una manzana; la manzana es sólo una metáfora. Seguro que es "el Verbo", la palabra, el lenguaje. En el Árbol del Conocimiento, los frutos son palabras, conceptos, filosofías,

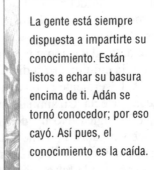

La gente está siempre dispuesta a impartirte su conocimiento. Están listos a echar su basura encima de ti. Adán se tornó conocedor; por eso cayó. Así pues, el conocimiento es la caída.

sistemas, pero no manzanas. Olvídate de la manzana. Recuerda la palabra.

Y a continuación, la serpiente fue la primera maestra de la humanidad, el primer sistema educativo. Esa serpiente es el primer demagogo, el primer académico. Enseñó el truco del conocimiento: convenció a Eva para que comiese. No podía persuadir a Adán directamente. ¿Por qué no? ¿Por qué tenía que convencer primero a Eva? Eva es más vulnerable. Las mujeres siempre son más vulnerables, más abiertas, más blandas. Cualquiera puede llevarlas a cualquier parte. Son más sugestionables, pueden ser hipnotizadas con más facilidad que los hombres. Así que la serpiente persuadió a la mujer. La serpiente no sólo fue el primer académico, sino también el primer vendedor. Y lo hizo ciertamente bien.

Y no estaba equivocado, pues tenía razón en todo lo que dijo: «Te convertirás en un conocedor, sabrás qué es qué. Sin comer este fruto nunca sabrás qué es cada cosa».

Existe un tipo de conocimiento totalmente distinto, en el que sabes y no obstante no sabes qué es qué. Se trata de un tipo de conocimiento muy difuso. No categoriza, no divide, es no analítico. Adán debía vivir en esa inocencia no analítica. La ciencia no era posible; la religión se derramaba sobre todo. Adán debe haber sido un místico antes de comer del Árbol del Conocimiento, igual que todos los niños. Todo niño es un místico cuando nace, y luego le arrastramos hacia la escuela, la educación y la serpiente. La serpiente es la civilización, la cultura, el condicionamiento.

Y la serpiente es un animal tan artero que la metáfora parece perfecta. Un animal tan retorcido, tan resbaladizo... igual que la lógica. No puedes saber hacia dónde se dirige, y lo hace sin patas; no tiene patas para desplazarse. Pero va muy deprisa. Es exactamente como la falsedad. Tampoco tiene patas; por eso la falsedad siempre tuvo que utilizar las patas de la verdad. Por eso cada frase falsa se esfuerza intentando demostrar que es verdad. Ésas son las patas prestadas.

La serpiente –el primer profesor, el primer académico– convenció a Eva, y Eva, claro está, pudo convencer a Adán con facilidad. La mujer siempre ha tenido mucho poder sobre el hombre. Todo lo que el hombre piense es irrelevante, a pesar de lo que pretenda. El hombre va por ahí pretendiendo que es más poderoso, pero no son más que tonterías. Y la mujer permite que el hombre se lo crea... Vale, está bien, que se lo crea; eso no cambiará la situación.

La mujer ha seguido siendo poderosa, y existe una razón para ello... Lo femenino es más fuerte que lo masculino, lo blando es más fuerte que lo duro, el agua lo es más que la roca. Puedes preguntárselo a Lao-tzu, que es un hombre de saber. Él sabe. No es un hombre de conocimiento pero sabe. Y lo que dice es que si quieres ser infinitamente poderoso, deberás convertirte en femenino. Tórnate pasivo. Lo pasivo siempre es más poderoso, más fértil que lo activo, por eso el hombre no queda embarazado. Es un erial.

> Lo femenino es más fuerte que lo masculino, lo blando es más fuerte que lo duro, el agua lo es más que la roca.

La mujer tiene la capacidad de quedarse preñada. Es potencial. Lleva vida en ella; puede contener la vida. Y puede contener muchas vidas.

Así que Adán cae en la trampa y se interesa por la cuestión. Debió haber pensado que si se volvía más conocedor también sería más activo, y sabría más. Debió haberse vuelto ambicioso. Eso es lo que hizo la serpiente. Dijo: «Si coméis seréis como dioses, seréis poderosos como dioses. Por eso Dios os prohibió comer. Tiene miedo. Está celoso».

Todos los hijos piensan lo mismo, que su padre está celoso, que les teme, que no quiere que lleguen a ser tan poderosos como él, para tener siempre el control. La parábola bíblica es genial. Qué reveladora.

Adán se hallaba en un estado de saber, y luego se tornó conocedor. Desapareció la religión y nació la ciencia. La ciencia... la palabra *ciencia* quiere decir exactamente conocimiento. Esas frutas eran los frutos de la ciencia. Perdió su inocencia y se volvió artero.

Eso es lo que ocurre cada vez que nace un niño. Todos los niños nacen en el jardín de Dios –el jardín del Edén–, y cada uno de ellos es persuadido por la serpiente de la civilización, la cultura y la educación. Cada niño es condicionado, arrastrado y manipulado hacia la ambición, hacia la consecución de objetivos egoicos: ser como dioses. Ésa es la idea que radica tras la ciencia. La ciencia piensa que uno u otro día será capaz de conocer todos los misterios y que el hombre será un dios infinitamente poderoso. Se trata de una ambición, de un desvarío egoico.

Arrastramos a todos los niños hacia el ego. Y el ego vive en el lenguaje. Así que cuanto mejor se expresa y comunica a través del lenguaje, más famoso se hace. Se convertirá en un líder de hombres, o en un gran autor, en un escritor, en un poeta, en esto o en aquello. Así es la gente más famosa del mundo. Se convertirá en un pensador, o en un profesor, o en un filósofo. Ésos son los que dominan.

¿Por qué dominan en este mundo? El hombre que sabe expresarse mediante el lenguaje es el hombre dominante. Uno no puede imaginar un líder estúpido, y tampoco puedes imaginar a un hombre que no sepa hablar, ni pensar, ni que no sea expresivo y que se vuelva famoso. Imposible. Toda fama proviene del lenguaje. Así que los niños se enredan cada vez más con el lenguaje, con las palabras. Y Bodhidharma dice: «Ni palabra».

He dicho que la serpiente fue el primer profesor. A partir de entonces toda la tarea del maestro religioso no es más que descubrir cómo deshacer lo que hizo la serpiente, cómo deshacer lo que se te ha enseñado, cómo deshacer todo el sistema educativo, cómo liberarte de tus condicionamientos, cómo ayudarte a abandonar la palabra. En el momento en que abandonas la palabra vuelves a recuperar la inocencia. Eso es la santidad: inocencia, inocencia primigenia.

En el momento en que desaparece el lenguaje de tu mente y dejas de hilvanar palabras, surge un gran silencio... un silencio que casi habías olvidado. No eres para nada consciente de que hubo un día en que lo tuviste. Estaba ahí, te permeaba cuando estabas en el vientre de tu madre. Cuando naciste y cuando abriste los ojos por primera vez ahí estaba, permeando toda la existencia. Ahí estaba, muy vivo. Viviste en él durante algunos días, algunos meses, algunos años. Y lentamente empezó a desaparecer. El polvo se acumula y el espejo deja de reflejar. Cuando la gente empieza a decir que qué crecido estás, simplemente están diciendo que has perdido la inocencia.

Te han corrompido, te han hipnotizado con el lenguaje. Ahora no puedes *ver*, sólo piensas. Ahora no *sabes*, piensas. Ahora no haces más que ir de aquí para allá sin ni siquiera acercarte a la diana. No haces más que dar vueltas. Hablas de Dios, hablas del amor, y hablas de esto y de lo otro y nunca sabes nada, porque para saber el amor uno tiene que amar. No

49

sirve de nada pensar o leer sobre ello. Puedes convertirte en uno de los mayores expertos en el amor sin saber nada al respecto. Es una experiencia.

El lenguaje es muy taimado. Sustituye lo real por el "acerca de".

Un día vino a verme un hombre que me dijo: «Vengo para saber acerca de Dios». Así que le contesté: «¿Por qué *saber acerca de*? ¿Por qué no *saber a* Dios?». ¿Cómo te ayudará saber algo acerca de Dios? Sí, claro, puedes ir acumulando información, haciéndote más conocedor, pero eso no te será de ninguna ayuda, eso no te transformará, no se convertirá en tu luminosidad interior. Continuarás tan a oscuras como antes.

Todo el esfuerzo de un Jesús, un Buda o un Bodhidharma, no es más que deshacer lo que la sociedad te ha hecho. Son la gente más antisocial del mundo. Destruyen todo aquello que la sociedad ha creado en ti. Son los más antisociales de todos. Destruyen todo aquello que la sociedad ha creado a tu alrededor. Todas las vallas a tu alrededor, todas las defensas, todos los muros. Lo destruyen todo. Son grandes nihilistas, simplemente se dedican a destruir, porque lo que es no necesita ser creado. Ya está ahí. No puede ser inventado, sólo tiene que descubrirse.

> Todo el esfuerzo de un Jesús, un Buda o un Bodhidharma, no es más que deshacer lo que la sociedad te ha hecho.

O sería todavía mejor decir que hay que redescubrirlo. Ya sabes lo que es; por eso tenemos una cierta idea acerca del gozo. Sabemos de alguna manera lo que es, aunque no podemos expresarlo en palabras. Lo buscamos. Lo buscamos. Tanteamos en la oscuridad y nos dirigimos hacia algo llamado gozo. Si no lo hubieras conocido, ¿cómo podrías estar tanteando en su busca? Es porque debes haberlo conocido en alguna ocasión. Puede que lo hayas olvidado, cierto, pero lo has conocido, y en algún lugar, en lo profundo de tu conciencia, en los recovecos de tu ser, tienes una nostalgia, un sueño.

Así es. Ya has conocido a Dios, ya has vivido como un Dios. Cuando eras niño viviste sin ego, antes de entrar en contacto con la serpiente. Ya has conocido, tus ojos estaban despejados, contabas con una claridad transparente, podías ver a través. Has vivido como un Dios y has sabido lo que es el gozo, pero ahora está olvidado. No obstante, sigue resonando en algún profundo lugar de tu conciencia: «Búscalo. Búscalo otra vez».

Por eso buscas a Dios, por eso buscas la meditación, el amor, y por eso buscas todo lo que buscas. A veces en la dirección correcta, a veces en la equivocada, pero no haces más que buscar lo que estaba ahí y ahora sabes que ya no. El día que sepas lo que es Dios, el día que tengas esa experiencia, te reirás. Y te dirás: «¿Así que esto es Dios? Pero si ya lo sabía. Puedo reconocerlo». Por eso la gente puede reconocer a Dios, ¿cómo si no podría reconocerlo? Si un día te cruzases conmigo y no me conocieses, ¿cómo podrías reconocerme?

La gente reconoce. Cuando el Buda llegó a ese momento pudo reconocer de inmediato. «Sí, eso es». Cuando Bodhidharma llegó a ese momento empezó a reír. Y dijo: «¿Así que era esto? Estuvo ahí en mi infancia. Fue destruido y contaminado. Me tiraron polvo a los ojos y perdí la claridad. Ahora los ojos vuelven a funcionar bien y lo veo».

Dios es lo que es. Tú eres Dios inconsciente, dormido.

Una cosa más acerca de la historia bíblica. Dice que Dios expulsó a Adán. Pero no es correcto. Dios no puede expulsar; en ese sentido, Dios carece de todo poder. ¿Adónde expulsaría? A ver, dime. Todo es el mismo jardín; estés donde estés estás en el jardín. Todo es el jardín del Edén, de un extremo a otro. No hay manera de expulsar a nadie. El reino de Dios es infinito, ¿cómo puede expulsarte? ¿Adónde te expulsaría? No hay ningún otro lugar. Suyo es el único mundo, no hay otro. Adán no es expulsado. Dios no puede expulsar porque no hay ningún sitio al que expulsar.

En segundo lugar, Dios no puede expulsar a Adán porque Adán *es* Dios. Adán es parte de Dios; ¿cómo puedes expulsar una parte de ti? Yo no puedo expulsar mi mano, ni mi pierna. No es posible. La expulsión de Adán sería la automutilación del propio Dios. No, no puede hacer eso; no es masoquista, no puede trocearse en pedacitos.

Dios es compasión. Adán no es expulsado. ¿Qué pasó entonces? Adán se quedó dormido. Al comer el fruto del Árbol del Conocimiento se durmió. Ahora ya no ve la realidad, sino que sueña con ella. Ahora tiene sus propias ideas, sus propios conceptos, sus propias visiones. Ahora se ha convertido en un fabulador, y no hace más que inventar. En lugar de ver lo que es, no hace más que inventar. Utiliza lo que es sólo como pantalla sobre la que proyectar su mundo de lenguaje.

Por eso dice Bodhidharma: «Ni palabra». Y si ya la has ideado, desidéala, deséchala. Éste es uno de los mensajes más fundamentales del zen. En China a este estado lo llaman *mo chao*, cuando no ideas ninguna palabra. *Mo* significa sereno o silente, y *chao* quiere decir reflejo o conciencia. "Reflejo" hace aquí referencia a esa cualidad espejada, de auténtica "reflexión". *Mo chao*, pues, significa reflejo sereno. El lago está silente, sin ondas. Refleja perfectamente. Es una noche de luna llena y ésta se refleja en el lago. ¿Y te has dado cuenta? La luna del reflejo es mucho más hermosa que la del cielo. Cuenta con algo añadido... la sereni-

> *Mo chao* significa reflejo sereno. El lago está silente, sin ondas. Refleja perfectamente. Es una noche de luna llena y ésta se refleja en el lago.

dad del lago, el silencio del lago, la frescura del lago. La belleza espejada del lado, eso es lo que tiene de más. Cuando Dios se refleja en ti, en tu *mo chao*, Dios se torna incluso más hermoso. Algo se añade.

Pero si piensas, entonces aparecen las ondas. Y el lago se agita. Entonces no te encuentras en el estado adecuado para reflejar. Entonces te tornas muy destructivo con la realidad. La luna deja de reflejarse tal cual es, queda destruida por tus ondas. Y si éstas se convierten en grandes olas, la destrucción es todavía mayor. Así no se añade nada a la hermosura de la luna, destrozas toda la belleza y se convierte en una perversión; no es exactamente como la luna, es otra cosa. No es cierta, es falsa.

Este *mo chao*, reflejo sereno, aparece expresado en un famoso poema de un maestro zen, Hung-chin:

> En silencio y serenamente, uno olvida todas las palabras;
> y eso aparece ante uno de manera clara y vívida.
> Cuando uno lo realiza, es vasto y sin límites;
> en su esencia se es claramente consciente.
> Esta luminosa percepción se refleja de manera singular,
> este puro reflejo está lleno de maravilla.
> El rocío y la luna,
> las estrellas y los torrentes,
> la nieve sobre los pinos
> y las nubes colgadas de las cimas de las montañas...
> de ser oscuridad se tornan radiantemente luminosas;
> de ser oscuridad se convierten en luz resplandeciente.
> Infinita es la maravilla que permea esta serenidad;
> en su reflejo todo esfuerzo intencional desaparece.
> Serenidad es la palabra de todas las enseñanzas.
> La verdad del reflejo sereno
> es perfecta y completa.
> ¡Ah, mira! ¡Los cien ríos fluyen
> convertidos en rugientes torrentes
> hacia el gran océano!

El zen se basa en *mo chao*, un reflejo sereno. Hay que tenerlo bien claro. Porque serenidad no significa una quietud forzada. Puedes forzar a tu mente para que esté quieta, pero eso no te será de gran ayuda. Eso es lo que hacen muchas personas que creen ser meditadoras. Fuerzan la mente con violencia. Son agresivas con su propia mente. Si no dejas de ser agresivo, llegarás a un punto en que la mente cederá, de puro cansancio. Pero sólo en la superficie; en los vericuetos más profundos de tu inconsciente continuará la agitación. Será una serenidad falsa. La serenidad forzada es falsa, no es real. No, no lo lograrás a base de fuerza de voluntad; no puede ser mediante el esfuerzo. Sólo llega gracias al entendimiento, no por fuerza de voluntad. Así que no intentes sustituir el entendimiento por la fuerza de voluntad, aunque la tentación sea grande. La tentación siempre está ahí, porque hacer algo mediante la voluntad parece más fácil. Hacer algo mediante la violencia parece más fácil; pero hacer la misma cosa mediante el amor y el entendimiento parece muy, muy difícil, y da la impresión de que se tardará mil años en llegar. Así que siempre tratamos de encontrar un atajo.

Y en el crecimiento espiritual no existen los atajos; nunca han existido y nunca existirán. No seas víctima del atajo. La serenidad debe crecer, no ser forzada. Debe provenir de tu núcleo más íntimo, a través del entendimiento.

Así que comprende qué es lo que te ha hecho el lenguaje. Intenta comprender lo que el lenguaje ha destruido en ti. In-

> Si no dejas de ser agresivo, llegarás a un punto en que la mente cederá, de puro cansancio. Pero sólo en la superficie; en los vericuetos más profundos de tu inconsciente continuará la agitación.

tenta comprender que tu conocer no es tu saber, fíjate bien. Obsérvalo, fíjate en situaciones distintas, y verás cómo te aparta de la realidad.

Te topas con una flor y en el momento en que la ves, el lenguaje salta inmediatamente en tu mente y dice: «Una hermosa rosa», y ya has destruido algo. Ahora ya no es ni hermosa ni rosa... porque ha aparecido una palabra. No permitas que la palabra interfiera con todas y cada una de tus experiencias. De vez en cuando déjate estar ahí con la rosa y no digas: «Una rosa». No es necesario. La rosa no tiene nombre, somos nosotros quienes se lo damos. Y el nombre no es una cosa real, así que si te apegas al nombre pasarás por alto lo real. El nombre te pasará ante los ojos y proyectarás algo: todas las rosas pasadas. Cuando dices: «Es una rosa», la estás clasificando. Y las rosas no pueden clasificarse, porque son tan únicas e individuales que no es posible clasificarlas. No le otorgues una clase, no la encasilles, no la encajones. Disfruta su belleza, su color, su danza. Estate ahí. No digas nada. Observa. Permanece en *mo chao*, en un reflejo sereno y silente. Sólo refleja. Deja que la rosa se refleje en ti; tú eres un espejo.

Si puedes convertirte en espejo, te habrás convertido en meditador. La meditación no es más que la pericia de reflejar. Y ahora, en tu interior no se mueve ni una palabra, y por ello no hay lugar para la distracción.

> Si puedes convertirte en espejo, te habrás convertido en meditador. La meditación no es más que la pericia de reflejar. Y ahora, en tu interior no se mueve ni una palabra, y por ello no hay lugar para la distracción.

Las palabras se asocian entre sí, se vinculan. Una palabra lleva a la otra, y ésa a otra más, y no te das cuenta y te has ido lejísimos. En el momento en que dices: «Ésta es una hermosa rosa», inmediatamente te acuerdas de esa novia a la que le gustaban las rosas. Luego recuerdas lo que pasó con ella, te acuerdas del amorío fantástico, de la luna de miel, y luego de la miseria que sigue de manera natural, el divorcio, y todo lo demás. ¿Y la flor? Te habías olvidado completamente de ella. El lenguaje, la palabra, te distrajo y te fuiste de viaje.

Una palabra lleva a otra; existe un vínculo continuo. Todas las palabras está vinculadas, entrelazadas. La asociación es grande. Sólo tienes que utilizar una y esperar a ver la de cosas que empiezan a dar vueltas. Di "perro" –una palabra corriente– y espera un segundo. Inmediatamente empezarás a moverte con la palabra. Recordarás un perro de la infancia, que solía aterrarte, el perro del vecino, y que tenías mucho miedo al regresar del colegio, y que tu corazón empezaba a latir acelarado, lleno de miedo. Ese perro sigue siendo mucho perro. Y de ahí pasas a acordarte del vecino, y así sin parar. Una cosa lleva a mil y una más, y no tiene fin.

Sí, en el principio fue el Verbo, la palabra. La frase bíblica tiene toda la razón. Todo empieza con una palabra. El mundo empieza con una palabra; cuando dejas caer esa palabra desaparece el mundo. Entonces eres en Dios. El hijo pródigo ha regresado, ha despertado.

Así que no fuerces el silencio en ti. Por eso insisto en no forzar, sino en más bien danzar, cantar. Permite que tu actividad sea satisfecha. Permite que tu mente vaya de aquí para allá, que se canse por sí misma. Salta y respira, y baila, y corre, y nada, y cuando sientas que tu cuerpo-mente está cansado, entonces siéntate en silencio y observa.

Poco a poco te irás llenando de momentos de serenidad. Llegarán como gotas. Existe una palabra en particular para decirlo... Los budistas lo llaman *chitta-kshana*, un momento de conciencia. Estos *chitta-kshana*, estos momentos atómicos de conciencia, empezarán a fluir en ti. Llegan como intervalos. Una palabra ha desaparecido, pero la siguiente todavía no ha surgido. Pues justo entre las dos se abre de repente una ventana, un intervalo, un portillo. Y puedes ver la realidad con mucha claridad, luminosamente. Puedes volver a ver con esos ojos de la infancia que habías olvidado por completo. El mundo vuelve a ser psicodélico, lleno de color, muy vivo, y lleno de maravillas.

Por eso dice Hung-chin: «Este puro reflejo está lleno de maravilla... / Infinita es la maravilla que permea esta serenidad...»

Maravillarse es el sabor de esa serenidad. La mente moderna ha perdido la capacidad de maravillarse. Ha perdido toda capacidad de indagar en lo misterioso, en lo milagroso... a causa del conocimiento, y cree saber. En el momento en que piensas que sabes, la maravilla deja de manifestarse. En el momento en que empiezas de nuevo a ser menos conocedor, la maravilla regresa y empieza a permearte. Obsérvalo.

Si crees que conoces este árbol, entonces ya no puedes maravillarte ante él. Por eso tu propia esposa, y su belleza, no te llena los ojos de maravillas. Crees que la conoces. Seguro que si hubiera sido la esposa de otro te habrías sentido atraído. Pero ahora crees que la conoces, ahora piensas que estás familiarizado con ella... y no es así, porque cada persona es un misterio tan único que no hay manera de conocerla. No puedes conocer a una mujer por ser su marido, y no puedes conocer a un hombre convirtiéndote en su esposa.

Puede que halláis vivido treinta años juntos, pero no os conocéis. Seguís siendo extraños. Como todos somos misterios no hay manera de familiarizarse, y cada momento es impredecible.

A veces te das con ello. Has vivido durante diez años con una mujer, y de repente, un día, está enfadada. ¡Nunca se te había pa-

> La mente moderna ha perdido la capacidad de maravillarse. Ha perdido toda capacidad de indagar en lo misterioso, en lo milagroso... a causa del conocimiento, y cree saber.

sado por la cabeza que pudiera enfadarse tanto! La has estado observando durante diez años y siempre había sido tan tierna, tan dulce, tan compasiva, y de repente, un día, se enfada tanto que podría llegar a matarte. ¡Impredecible! Y tú te habías empezado a acomodar y a dar su presencia por sentada, y creías conocerla. Nadie conoce a nadie. Ni ella te conoce a ti ni tú a ella.

Sí, puede que hayas dado a luz a un hijo. Ese hijo ha permanecido nueve meses en tu vientre, pero no le conoces. Cuando el hijo llega es tan impredecible como el hijo de cualquiera. Ni por un instante se te ocurra pensar que conoces a nadie. Todos somos extraños.

Así es toda esta existencia. Estos árboles que os rodean en el patio... Los ves cada día y poco a poco has dejado de verlos porque crees que ahora los conoces. ¿Para qué seguir mirándolos? Por favor, escúchame, vuelve a mirarlos y te sorprenderás. *Nunca se llega a conocer nada.* El conocimiento no tiene lugar. El conocimiento sólo es pura ignorancia. La vida es misteriosa. Sí, podemos disfrutar de ella, podemos danzar con ella, podemos cantar con ella, podemos celebrar... sí todo eso es posible. Pero no podemos conocerla.

Todos los grandes maestros del mundo han dicho que ese conocimiento no es posible. No pertenece a la naturaleza de las cosas. Y sea lo que sea lo que creas que conoces, sólo es algo parcial... simulado. Y a causa de toda esa simulación todo acaba pesándote tanto que dejas de maravillarte. Un niño se maravilla porque no sabe. Una vez que uno empieza a familiarizarse –lee geografía o historia y todo tipo de tonterías–, entonces cree que sabe. Entonces la flor no vuelve a oler nunca más de la forma en que solía. Entonces la mariposa deja de atraerle como solía hacer. Y entonces dejará de coleccionar conchas a orillas del mar. Habrá crecido.

De hecho, en realidad lo que habrá sucedido es que habrá dejado de crecer. Habrá muerto. El día que creas que sabes, ha-

> El día que creas que sabes, habrá tenido lugar tu muerte, porque ahora no habrá más maravillas, ni alegría o sorpresa. Ahora vivirás una vida muerta.

brá tenido lugar tu muerte, porque ahora no habrá más maravillas, ni alegría o sorpresa. Ahora vivirás una vida muerta. Podrás entrar en tu tumba, no perderás nada con ello. Como ya nada te volverá a sorprender, ¿qué sentido tiene seguir viviendo? Suicídate. De hecho, eso es lo que en realidad has estado haciendo. Nos suicidamos. El día que creas que sabes, te habrás suicidado.

Con este *mo chao*, con este reflejo sereno, volverás a ser un niño; volverás a tener esos hermosos ojos de la infancia: inocentes, ignorantes, y no obstante, penetrantes.

Así que recuérdalo, la serenidad, o el silencio, no es apaciguamiento; no es quietud. Implica la trascendencia de todas las palabras o pensamientos, denota un estado de más allá, de penetrante paz. No es una "mente serena", es la serenidad en sí misma. No es algo disciplinado que provenga de tu propio esfuerzo. No es nada que haya que practicar, sino que hay que entender, amar, Debes jugar con ello en lugar de resolverlo. Es la ausencia de intelección.

Sí, de eso es de lo que trata la meditación, de la ausencia de actividad mental. La mente deja de pensar; la mente está silente. No hay rastro de actividad mental, es pura conciencia en la tranquilidad de la ausencia de todo. Los japoneses tienen una hermosa palabra para ello: lo llaman *kokoro*. Significa nada absoluta, una ausencia tremenda, vaciedad, pero no negativa. La ausencia de todo parece significar algo que es negado. Pero no. Todo lo que es basura es negado, es cierto, obviamente, pero una vez que niegas todo lo que es basura, se afirma tu naturaleza más íntima. Es muy positivo.

Cuando las ondas desaparecen de la superficie del lago podrías muy bien decir que ahora no existe nada en su superficie. Flota en él, reside en él la nada absoluta. Pero no es un estado negativo. De hecho, ahora el lago se está afirmando a través de su silencio total. Su naturaleza se torna visible en la superficie; las olas y ondas la ocultaban. Ahora está ahí, presente. Sin hacer ruido, muy silenciosa. No declara: «Aquí estoy yo», porque no hay ya ningún "yo".

"Yo" no es más que todo tu ruido junto. Y cuando el ruido desaparece, cuando desaparece la mente, cuando ya no hay más intelección, de repente *eres* por primera vez... y no obstante, no eres. No eres a la antigua manera; has muerto y renacido. Ésta es una segunda infancia.

El maestro Suigan realizó la siguiente declaración al final del retiro estival:

–He estado hablando, de este a oeste, durante todo el verano, para mi hermandad. Mirad cómo crecen mis cejas.

–Qué bien crecen, maestro –dijo uno de sus discípulos.

–Quien comete un robo se siente incómodo en este corazón –comentó otro.

Y un tercero, sin decir nada, simplemente murmuró:

–*Kwan!**

El maestro había estado hablando... Ésa es la ironía, la paradoja, que incluso un maestro zen debe hablar. Habla contra el hablar, pero sigue teniendo que hablar.

Es como si tuvieses una enfermedad que te fuese envenenando y preparásemos una medicina a partir de otro veneno para destruir la enfermedad. Casi todas las medicinas están preparadas a partir de venenos. Para liquidar un veneno hay que utilizar otro.

* *Kwan!* es sólo una exclamación, sin ningún significado implícito. No es ningún símbolo, es la cosa en sí misma. *(N. del T.)*

Imagina que tienes un pincho clavado en el pie. Pues buscaremos otro pincho para sacarte el del pie. Un clavo se saca con otro clavo. Sí, resulta irónico que hasta un maestro zen deba hablar continuamente. El Buda habló durante cuarenta y dos años, por la mañana, por la tarde, por la noche, y entre medias. Y habló de una sola cosa: de dejar de hablar, de estar en silencio. «Ni palabra.»

Ahora este maestro, este Suigan, lleva muchos meses hablando y al final de la sesión dice: «He estado hablando, de este a oeste, durante todo el verano, para mi hermandad. Mirad cómo me crecen las cejas». Lo que está diciendo es: «A ver, ¿sigo vivo o estoy muerto? Con tanto hablar puede que me haya muerto, puede que haya dejado de crecer».

El primer discípulo dice: «Qué bien crecen, maestro». Es cierto, al cien por cien. Puede ver en el maestro. Esas palabras no han perturbado el silencio del maestro, no se han convertido en su muerte; su vida fluye como siempre. No se han transformado en un obstáculo. Se te permite hablar sólo cuando tus palabras no destruyen el silencio. Cuando tu silencio permanece inmaculado, sin ser mancillado por tus palabras, entonces puedes hablar. Entonces tus palabras serán una bendición para el mundo. Ayudarás a muchas personas a salir de sus palabras. Tus palabras se convertirán en medicina. Pero si tus palabras perturban tu silencio –si mientras hablas pierdes contacto con tu núcleo de serenidad más íntimo, *mo chao*–, entonces todo será inútil. Será mejor que primero te cures a ti mismo, antes de empezar con otro. Harías más mal que bien.

> Cuando tu silencio permanece inmaculado, sin ser mancillado por tus palabras, entonces puedes hablar. Entonces tus palabras serán una bendición para el mundo. Ayudarás a muchas personas a salir de sus palabras.

El discípulo dice: «Qué bien crecen, maestro. Puedo ver que vuestro silencio permanece imperturbable».

El segundo discípulo dice: «Quien comete un robo se siente incómodo en este corazón». Todavía mejor que el primero. Está diciendo: «Maestro, aunque está usted más allá del robo, no obstante, si robase, se sentiría culpable. Sabemos que esas palabras no le perturbarán, pero aun así las palabras son tal molestia que se siente usted un poco culpable. Lo veo».

Comprendo la idea del segundo discípulo. Sí, hablándoos a vosotros también me siento yo culpable porque existe el peligro de que no escuchéis lo que estoy diciendo, de que no escuchéis lo que quiero decir y empecéis a hablar como yo. El peligro existe, está ahí. Estoy cometiendo un crimen. Y debe cometerse porque parece que no hay otro modo de ayudaros. Hay que correr el riesgo.

El segundo discípulo profundiza más. El primero estaba en lo correcto al cien por cien, recuérdalo, pero el segundo tiene razón al doscientos por cien. Dice: «Quien comete un robo se siente incómodo en este corazón. Lo veo».

El tercero tiene razón al trescientos por cien. El tercero no dijo nada, sólo murmuró: «*Kwan!*». Es como «¡Eo!». Decir algo no tiene sentido, así que simplemente murmura un sonido. Y lo que está diciendo es: «Sea lo que sea lo que haya estado diciendo no son más que sonidos vacíos, maestro. No se preocupe. Sea lo que sea lo que dijo no son más que palabras huecas, como mi *"Kwan!"*». Sí, a veces sirve para ayudar a despertar a un hombre, pero no quiere decir nada. Si alguien duerme profundamente y le gritas *"Kwan!"* a la oreja, abrirá los ojos, eso es todo. Se habrá hecho el trabajo. Pero el *"Kwan!"* en sí mismo no significa nada».

Eso es exactamente lo que son las declaraciones del maestro: un *"Kwan!"*. No quieren decir nada, no implican ninguna filosofía. Sólo son gritos para despertarte. El tercero ha comprendido del todo. Está en el mismo espacio que el propio maestro.

¿De dónde proviene este «*Kwan!*». Viene de *kokoro*, de nada de nada. Y cuando estás en esta nada todo es posible. Esta nada es tan potente, tan positiva que esta nada es Dios. Los budistas no utilizan la palabra *Dios*, porque Dios parece que confine. Utilizan la nada, el vacío: *kokoro, sunyata*. En esta nada verás que Dios es omnipresente. Esta nada llena toda la existencia.

Estas son palabras de John Donne: «Dios es tan omnipresente que Dios es un ángel en un ángel, y una piedra en una piedra, y una paja en una paja».

En esta nada habrás penetrado en la auténtica naturaleza de las cosas. Esta penetración en la naturaleza de las cosas es el objetivo. Y sólo es posible cuando no dices «Ni palabra». Entonces las cosas son.

Escucha estas palabras de Wordsworth:

> El gallo cacarea,
> el arroyo fluye,
> los pajaritos gorjean,
> el lago refulge,
> los verdes prados dormitan al sol.

Todo es tal cual es. El gallo cacarea y los verdes prados dormitan al sol. «Dios es tan omnipresente que Dios es un ángel en un ángel, y una piedra en una piedra, y una paja en una paja.» Entonces Dios desaparece, sólo queda santidad. Desaparece la deidad, quedando sólo divinidad, pura, divinidad líquida, permeando todo el espacio.

La otra noche estuve leyendo el diario de Leonardo da Vinci. En él escribió una frase que me conmocionó: «Entre las grandes cosas que pueden encontrarse entre nosotros, el ser nada es la más grande». *Kokoro*. Ese ser nada se manifiesta sin palabras, sin lenguaje, sin conceptos, sin mente, sin actividad mental: *mo chao*.

Ahora esta pequeña parábola:

Un maestro zen señaló lacónicamente a un estudiante que llevaba cierto tiempo hablando de teoría zen...

> El zen no tiene teoría. Es un enfoque no teórico de la realidad. No tiene doctrina ni dogma, de ahí que carezca de iglesia, de sacerdote, de papa.

Bueno, lo primero es que el zen no tiene teoría. Es un enfoque no teórico de la realidad. No tiene doctrina ni dogma, de ahí que carezca de iglesia, de sacerdotes, de papa. Cuando empiezas a hablar sobre la teoría del zen, el zen deja de ser zen. Existe la teoría pero no el zen; El zen y la teoría no pueden coexistir. La teoría está muy limitada; el zen es una experiencia ilimitada. El zen es más parecido al amor, no puedes definirlo. El zen es muy terrenal, tiene los pies en el suelo; no lidia con conceptos abstractos. Es un raro fenómeno. Es el resultado del encuentro de dos genios: el genio hindú y el genio chino. El genio hindú es muy abstracto, incluso el Buda. Intenta con todas sus ganas no serlo, pero ¿qué puede hacer? Después de todo un hindú es un hindú.

El genio hindú es muy abstracto. Habla de grandes cosas, de grandes teorías; hila grandes ideas. Realiza vuelos muy elevados por el cielo, sin llegar a posarse en la tierra. El genio hindú no ha sabido durante muchos siglos cómo aterrizar en la tierra. Sube y sube, y luego no sabe cómo volver. Carece de raíces. Tiene alas, pero no raíces. Ésa es su miseria.

El genio chino está más inclinado hacia lo terrenal, es más práctico, más pragmático. No penetra mucho en el cielo. Y aunque se adentre un poco, siempre mantiene los pies en la tierra, firmemente asentados en la tierra. No echa a volar como un pájaro, sino que entra en el cielo como un árbol. Mantiene sus raíces en la tierra, en muy elevada proporción. Lao-tzu es muy práctico, al igual que Confucio.

Cuando Bodhidharma fue a China con el gran mensaje del zen, resultó un gran encuentro, una gran síntesis entre el genio hindú y el chino. El zen no es ni hindú ni chino. Cuenta con ambos, y no obstante está más allá.

Así que si le preguntáis a un budista indio –hay muy pocos–, si le preguntáis a un budista indio, no se tomará el zen en serio. Dirá: «Son todo tonterías». Allí donde sigue prevaleciendo el budismo hindú –en Ceilán, Birmania, Thailandia– nadie habla del zen. La gente se ríe. Dicen que es como una broma.

Si hablas con gente zen china y japonesa acerca de las grandes escrituras budistas, dirán: «Quémalas de inmediato. Todas las teorías abstractas no son más que tonterías. Apartan al hombre de la realidad».

Para mí, el zen es una de las mayores síntesis que se han dado, un fenómeno trascendental. La primera cosa al respecto es que es existencial, no teórico. No dice nada acerca de la verdad, sino que te ofrece la verdad tal cual es. Sólo te despierta. Te sacude para despertarte, te grita para despertarte, pero no te ofrece teorías, ni doctrinas, ni escrituras. El zen es la única religión capaz de quemar escrituras, la única religión capaz de destruir todos los ídolos, y también todos los ideales.

Un maestro zen señaló lacónicamente a un estudiante que llevaba cierto tiempo hablando de teoría zen...

El zen carece de teoría. Eso es algo único del zen. En el momento en que empiezas a hablar de teoría zen, el zen deja de ser zen. Hay teoría, pero no zen. El zen y la teoría no pueden coexistir. La teoría es muy limitada; el zen es una experiencia ilimitada. El zen se parece más al amor: no puedes definirlo.

Y el maestro dijo: «Tienes demasiado zen».

Qué declaración tan hermosa. Le dijo: «Tienes demasiado zen». Lo que le está diciendo es: «No tienes nada de zen en ti». Así es como hablan los maestros zen. Quiere decir: «En ti no hay nada de zen», pero le dice lo contrario: «Tienes demasiado zen». ¿Cómo se puede tener demasiado zen? O tienes o no tienes. Es una manera de decirte que en ti no hay zen. «Tienes demasiado zen» significa: «Tienes demasiada teoría. Sabes mucho al respecto y ni siquiera has tenido un vislumbre de ello».

«Pero ¿no es natural que un estudiante zen hable de zen?», preguntó el estudiante, perplejo.

La segunda cosa... Primero es que en el zen no hay teoría; segundo, que no puede haber nadie que se denomine un "estudiante" zen. No es posible. Un estudiante busca teoría. Un estudiante quiere ser sabedor. Un estudiante acude a una serpiente, no a un maestro. Un estudiante acude a un profesor. Un estudiante va al colegio, a la universidad, a un instituto.

El zen no tiene estudiantes. El zen carece de teorías, y por lo tanto, no puede tener estudiantes, ni profesores. Sí, cuenta con maestros y discípulos. Un maestro no es un profesor, recuérdalo. El trabajo de un maestro es exactamente el contrario que el del profesor. El profesor te enseña, el profesor te hace aprender muchas cosas. El maestro te ayuda a desaprender. El maestro es el antídoto del profesor. En el diccionario hallarás que quiere decir lo mismo, pero recuerda que, al menos en el mundo del zen, no son lo mismo.

Soy un maestro, no soy un profesor, y quienes están realmente aquí no son estudiantes, sino discípulos. ¿Cuál es la diferencia entre un estudiante y un discípulo? El estudiante

> El discípulo no anhela conocimiento; quiere ver, no saber. Quiere *ser*. Ha dejado de estar interesado en acumular conocimiento, y lo que quiere es tener más ser.

quiere saber más, aprehender más. El estudiante quiere convertirse en erudito. El estudiante anhela el Árbol del Conocimiento. El estudiante quiere comerse todas las manzanas posibles. El estudiante está en un viaje egoico. Es curioso, inquisitivo, pero no está listo para ser transformado.

El discípulo es un fenómeno distinto. El discípulo no anhela conocimiento; quiere *ver*, no saber. Quiere *ser*. Ha dejado de estar interesado en acumular conocimiento, y lo que quiere es tener más ser. Su dirección es completamente distinta. Si para tener más ser debe deshacerse de todo su conocimiento, está listo. Está preparado para sacrificarlo todo.

El discípulo no es un acaparador; el estudiante sí lo es. Y claro, cuando acaparas, lo guardas todo en la memoria. La memoria no deja de crecer en la mente de un estudiante, pero no su conciencia. En el interior de un discípulo, la memoria empieza a desaparecer poco a poco. Ha dejado de cargar con el peso del pasado. Sólo sabe lo esencial. Su conocimiento es utilitario. Pero su conciencia empieza a crecer. Su energía se traslada de la memoria a la conciencia.

Ésa es la gran diferencia entre un estudiante y un discípulo. El estudiante quiere saber *acerca de*; todo su esfuerzo está dirigido a pensar mejor. El discípulo quiere *ser*; todo su esfuerzo está dirigido a cómo ser, a cómo regresar a casa, a cómo volver a recuperar esos ojos infantiles, a cómo renacer. Eso es lo que Jesús quiere decir cuando dice: «A menos que volváis a nacer». Estaba buscando discípulos. Y a Nicodemo le dijo: «A menos que vuelvas a nacer no me comprenderás y no podrás entrar en mi reino de Dios»...

Puede que no sepas que el tal Nicodemo era un profesor, que había llegado en busca de conocimiento. Era un famoso rabino. Estaba en el consejo del gran templo de Jerusalén. No fue de día porque temía que la gente pudiera reírse de él, de que un erudito tan importante, de que un profesor tan conocido en todo el país, acudiese a un hombre ordinario, a una especie de hippie.

Sí, porque Jesús era un hippie. Iba con gente ignorante, con elementos antisociales, tenía amistad con prostitutas, con todo tipo de gente, estaba con personas nada respetables. Era un hombre joven con aspecto de loco. Y hablaba de cosas de las que sólo hablan los neuróticos o los budas. Siempre que surge la cuestión de decidir si alguien es un buda o un neurótico, acabas decidiendo que es un neurótico, porque decidir que es un buda va contra tu ego. Así que la gente sabía que Jesús era un poco neurótico, que estaba un poco loco, que era un excéntrico, y a su alrededor había reunido a gente un tanto peligrosa.

Así que Nicodemo no podía acudir a verle a plena luz del día; fue a preguntarle en mitad de la noche. Y le preguntó: «¿Qué es ese reino de Dios del que tanto hablas? ¿Qué es? Quiero saber más sobre eso». *Sobre eso...* cuidado. Y Jesús le dijo: «A menos que vuelvas a nacer no sabrás lo que es». Eso fue demasiado para Nicodemo. ¿Volver a nacer? ¿Tiene un precio tan alto? Morir y volver a nacer... parece demasiado.

Un estudiante está dispuesto a pagar en monedas pequeñas; un discípulo está dispuesto a pagar con su vida. Un estudiante tiene una pesquisa; el discípulo... no sólo es una pesquisa. No hay palabra para expresarlo. Pero en sánscrito tenemos una: *mumuksha*. Y para pesquisa tenemos otra: *jigyasa*. Significa que uno quiere saber más. *Mumuksha* quiere decir que uno quiere ser más. Uno quiere ser liberado de todo confinamiento. No se quiere seguir confinado en ningún tipo de cautiverio: en la tradición, las escrituras, la sociedad, el estado. Uno no quiere seguir padeciendo ningún tipo de cautiverio; lo que uno quiere es ser libre, totalmente libre. Esa rebelión, esa necesidad de libertad total, es *mumuksha*. En Occidente no hay palabras para traducirla. Podemos decir que es el deseo de pasar a ser carente de deseos; el deseo de ser tan completamente libre que ni siquiera quede rastro de ese deseo.

«Pero ¿no es natural que un estudiante zen hable de zen?»

Es un estudiante, no un discípulo, y ahí es donde se complica todo. Dice: «¿No es natural?». Sí, es natural en un estudiante. ¿Qué más puede hacer un estudiante? El estudiante, y el erudito, y el profesor lidian con palabras, pergueñan palabras. Acuñan nuevas palabras. Juegan con las palabras. Todo su negocio requiere de palabras, vacías e impotentes. Pero siguen jugando con ellas y creando otras nuevas.

«Pero ¿no es natural que un estudiante zen hable de zen?»

Para un estudiante. A un estudiante le da la impresión de que no hablar de zen es algo muy poco natural. ¿Entonces para qué acudir a un maestro? ¿Qué sentido tiene acudir a un monasterio zen si no se puede hablar? Es natural.

Pero para un discípulo no lo es. Un discípulo se ha convertido en un hombre silencioso. Un discípulo sabe que estar en silencio es natural. Escuchar al maestro en silencio. De hecho, no se trata de escuchar demasiado sus palabras, sino de escuchar su silencio, que siempre está tras las palabras. Empiezas escuchando sus palabras, pero poco a poco vas escuchando el silencio. Poco a poco, lentamente, te gradúas de las palabras y pasas al silencio. Poco a poco, lentamente, tiene lugar un cambio, cambia la concepción global: dejas de estar interesado en lo que dice el maestro, y empiezas a ocuparte de lo que es.

Eso es lo natural para un discípulo, pero claro, ¿qué más puede hacer un estudiante? Puede hablar, preguntar al discípulo: «Pero ¿no es natural que un estudiante zen hable de zen? ¿Por qué odia hablar de zen?», dice.

Al maestro no es que no le guste, ni que lo "odie". El maestro no puede odiar. Simplemente ve la futilidad que hay en ello. Recuerda, tanto amar como odiar son relaciones. El maestro no mantiene ninguna relación con el mundo; no está encantado con el lenguaje ni lo odia. El odio también es una relación, y eso quiere decir que no se está libre; se sigue estando apegado. En sentido contrario, pero todavía apegado, preocupado. Puedes escapar del lenguaje, pero sigues sin ser libre. Y sigues preocupado con el lenguaje, y ese lenguaje te tiene pillado.

No, el maestro no está en contra, simplemente es libre respecto de él. No mantiene ninguna relación con el lenguaje, ha roto el puente. Vive sin lenguaje. Vive sin pensar. Vive en *mo chao*, en silencio, en un reflejo sereno. Es un espejo.

«Porque –replicó llanamente el maestro– ¡se me revuelve el estómago!»

Hay que entender eso muy bien. Se trata de una metáfora zen.

La gente zen dice que existe una constante lucha entre la cabeza y el estómago, y la cabeza gana al estómago. La cabeza es muy destructiva para el estómago. Y el estómago es la auténtica sede de tu ser. La cabeza se ha convertido en el dictador a causa del lenguaje, las palabras, las teorías, la educación, el aprendizaje y el conocimiento. La cabeza se ha convertido en tu sede. Hay que desechar esa cabeza, y al hacerlo no perderás nada, y será mucho lo que ganes. Al desecharla lo ganas todo. Al vivir con la cabeza sólo vives a través de palabras muertas que no pueden satisfacerte, ni liberarte. La cabeza contra el estómago.

Precisamente la otra noche estuve hablando sobre un maes-

> La gente zen dice que existe una constante lucha entre la cabeza y el estómago, y la cabeza gana al estómago. La cabeza es muy destructiva para el estómago. Y el estómago es la auténtica sede de tu ser.

tro zen que solía tener dos muñecas a su lado. Eran casi iguales, pero en su interior había una diferencia. A una le pesaba demasiado la cabeza, tenía un pedazo de metal dentro. A la otra le pesaba mucho la parte de abajo. Tenía un pedazo de metal en el estómago. Y parecían iguales, incluso estaban vestidas del mismo modo. Y siempre permanecían sentadas una junto a la otra.

Y cuando se presentaba alguien y preguntaba: «¿Qué es el zen?», o: «¿Qué es la meditación y cómo se llega?», lo primero que hacía el maestro era empujar una de las muñecas –la de la cabeza pesada–, que caía redonda y no podía ponerse derecha. ¿Cómo iba a poder con aquella cabeza tan pesada? A continuación empujaba la otra muñeca, la que tenía el trasero pesado, así que tampoco es que pudiera empujarse mucho, pero saltaba hacia atrás y acababa sentada en la postura del Buda.

Y entonces el maestro decía: «Esto es zen, el estómago. Esto es Oriente, el estómago».

En los antiguos países orientales, sobre todo en Extremo Oriente, siempre han considerado que el ser humano vive en el vientre. Antaño –hace sólo cien años–, si hubieras ido al Japón te habrías encontrado con gente a la que de haberle preguntado: «¿Y usted dónde piensa?», te habrían señalado el vientre: «Pensamos aquí». Ahora ya están desapareciendo, sobre todo después de la Segunda Guerra Mundial. El propio Japón se ha convertido en algo parecido a la primera muñeca: el impacto norteamericano ha sido muy fuerte. Ahora se ríen y nadie podría decirte que se ríen desde el vientre; les parece una locura decir que se piensa con el vientre. Ahora han empezado a pensar desde la cabeza.

Pero el énfasis es importante. El vientre es la fuente de tu vida. Te hallabas unido a tu madre por el ombligo; ahí es donde empezó a palpitar la vida. La cabeza es el rincón más alejado de tu existencia, el centro es el ombligo. Tu existencia, tu ser, reside ahí. Puede que tu pensar

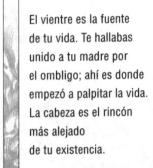

El vientre es la fuente de tu vida. Te hallabas unido a tu madre por el ombligo; ahí es donde empezó a palpitar la vida. La cabeza es el rincón más alejado de tu existencia.

esté en la cabeza, pero pensar es una especialidad. De igual manera que utilizas las manos para ciertos propósitos, las piernas para otros, los ojos para otros distintos, y las orejas y la nariz... pues también utilizas tu cabeza, tu mecanismo cerebral, para pensar.

Pero ¿quién lo utiliza? ¿Quién usa las piernas para andar, quién usa las manos y los ojos? ¿Y quién usa el cerebro? Ahora incluso la psicología occidental empieza a sospechar de su vieja idea acerca de que el cerebro es la mente. Sospechan que tal vez no sea así. Ahora hay unas cuantas personas que han empezado a considerar que el cerebro y la mente son distintos.

Y tú también has tenido de vez en cuando algún vislumbre acerca de que el cerebro no es la mente. Por ejemplo, ves a un hombre pasando por la calle... Recuerdas el rostro, recuerdas que conoces a ese hombre, recuerdas que debes saber su nombre y de repente tienes el nombre en la punta de la lengua. Y te dices: «Tengo el nombre en la punta de la lengua. Está ahí, pero no acabo de verlo».

Ahora dos cosas. El cerebro suministra el nombre, pero requiere de cierto tiempo. El cerebro dice: «Espera. Está por aquí, en el archivo. Espera». Pero el que está esperando no es

> Tú y tu cerebro sois dos cosas. El cerebro es uno de tus mecanismos, como cualquier otro. Esta mano es un mecanismo que yo utilizo. Mi cerebro es otro de los mecanismos que utilizo.

el cerebro, porque tú lo sabes. «Sí, está por ahí.» El cerebro es el mecanismo que la mente está utilizando. Entonces haces un esfuerzo y si no aparece, frustrado, te olvidas de la historia. Y te metes en el jardín y empiezas a fumar un cigarrillo, y de repente te viene a la cabeza.

Tú y tu cerebro sois dos cosas. El cerebro es uno de tus mecanismos, como cualquier otro. Esta mano es un mecanismo que yo utilizo. Mi cerebro es otro de mis mecanismos. ¿Dónde radica la sede de la mente? El zen dice que en el estómago, en el vientre, en el ombligo, donde apareció exactamente la primera palpitación, para luego expandirse por todo el cuerpo. Regresa ahí.

Cuando el maestro dice: «¡Se me revuelve el estómago!», está diciendo que la gente que es demasiado cerebral le resulta pesada. Son un engorro, una molestia. «¡Se me revuelve el estómago!»

Esta cuestión de la cabeza frente al estómago ha pasado por muchas formulaciones: intelecto frente a intuición; lógica frente a amor; conciencia frente a inconsciencia; la parte frente al todo; hacer frente a suceder; vida frente a muerte; tener frente a ser. Estas siete formulaciones son posibles, y también son importantes.

El intelecto es muy, muy limitado; la intuición es infinita. La intuición siempre proviene del vientre. Siempre que sientes que te llega una intuición –una corazonada–, lo hace a través del vientre. El vientre es el primero en quedar afectado. Cuando te enamoras no lo haces con la cabeza, por eso aquellos que tienden a hacerlo todo con la cabeza dicen que el amor es ciego. Y sucede porque no tiene nada que ver con el cerebro. Cuando te enamoras, te enamoras desde otra fuente. Si le preguntas a grandes científicos, grandes poetas, a gente muy creativa, también te dirán que cuando sucede algo nuevo nunca es desde la cabeza, desde el cerebro. Proviene de algún lugar más allá.

Madame Curie trabajó muy intensamente en un problema matemático durante tres años. Hizo todo lo que estaba en su mano. Era un genio matemático y había fracasado, del todo. Entonces, una noche, lo dejó estar. Parecía que no llegaba a ninguna parte. Tres años es bastante tiempo para dedicarlos a un problema.

Esa noche lo dejó. A la mañana siguiente se dispuso a empezar con algo nuevo, a trabajar en un proyecto nuevo. Y esa misma noche lo había solucionado. Se despertó a media noche, se dirigió a la mesa y resolvió todo el problema, y luego volvió a meterse en la cama.

Por la mañana, cuando volvió a su mesa no pudo dar crédito a lo que veían sus ojos, porque nadie había entrado en la habitación, excepto la sirvienta, que lo había hecho por la noche para preparar la cama. Pero la sirvienta no podía haberlo hecho, ni siquiera Madame Curie había sido capaz de hacerlo. Volvió a mirar la letra, que era la suya propia. No exactamente, pero así era, era la suya. Parecía que hubiese escrito borracha –era un tanto imprecisa, temblorosa–, pero seguía siendo su letra. ¿De dónde había salido?

Entonces recordó un sueño que había tenido por la noche. Soñó que iba a resolver el problema y que estaba escribiendo. Y entonces recordó todo el sueño. Lo había resuelto en el sueño. El cerebro había fracasado. El cerebro no tenía respuesta. Había llegado desde el vientre, desde la mente.

Lo mismo exactamente le sucedió al Buda. Se esforzó durante seis años, intentó alcanzar la iluminación por todos los medios, pero no pudo. Le pasó como a Madame Curie, y una noche abandonó el proyecto. Se dijo: «No hay ningún sitio al que ir y no va a pasar nada, así que mejor me olvido de ello». Esa noche durmió relajado y esa noche se iluminó. Por la mañana, tras abrir los ojos, era un hombre completamente distinto. Algo sucedió durante la noche. ¿El qué?

Pero recuerda: ¿por qué sucede cuando has hecho todo lo posible? Sí, así es, sólo sucede entonces. Cuando se agota la capacidad cerebral es cuando la intuición empieza a operar. Es una energía superior. Al utilizar el cerebro hasta el límite, entonces eres capaz de utilizarla, y desde ahí puedes pasar a la intuición.

La intuición no funciona así como así. Puedes ir a Bodhgaya, donde está el árbol bajo el que se iluminó el Buda. Ese árbol todavía está vivo, así que puedes ir allí, sentarte relajado y decir: «Lo suelto todo». Pero no sucederá nada porque no tienes nada que soltar. Esos seis años son necesarios. Para llegar a la inesforzabilidad hace falta mucho esfuerzo.

El intelecto frente a la intuición, la lógica frente al amor... Se trata de dos maneras de ser distintas: lógica y amor. La lógica es lineal, el amor es total. La lógica se desplaza a través de una línea, al igual que el lenguaje. ¿Te has dado cuenta? El lenguaje se desplaza, como la lógica, en una línea. Pero la existencia no es lineal. La existencia es simultánea. No se trata de que yo existo, de que además existes tú, y otros, y también existen los árboles y las montañas... Lo que ocurre es que todos existimos a la vez.

El lenguaje es una falsificación porque coloca las cosas en una línea. Por ejemplo, creas una frase: primero existe una palabra, luego otra y a continuación otra más. La gramática dice bien claro qué palabras deben aparecer primero, y cuáles después; dice en qué orden debe ir todo.

Por eso el chino es uno de los idiomas más bellos que existen, porque es lo menos parecido a un lenguaje. El chino carece de alfabeto, y como no lo tiene, el chino existe simultáneamente. Es más fiel a la existencia que cualquier otro idioma. Es más fluido, no tan fijo. Se parece más al amor que a la lógica. Es más intuitivo, proviene del vientre. Puede querer decir mil y una cosas. Y por ello, algunos lo consideran muy poco científico. *Es* acientífico; el amor es acientífico, la existencia es acientífica. Puede querer decir muchas cosas distintas, es más poética.

> El lenguaje es una falsificación porque coloca las cosas en una línea. Creas una frase: primero existe una palabra, luego otra y a continuación otra más.

Y así es como es: el árbol puede querer decir mil y una cosas, no sólo una. Para un pintor tiene un significado, para el leñador otro, para el poeta otro más, y para alguien que no esté interesado, no tiene ninguno. Para el niño que juega a su alrededor, tiene otro sentido más, para quien venera un árbol es un dios. Tiene mil y un sentidos. Un árbol no está confinado a un único sentido.

El idioma chino es de tal manera que cada carácter puede significar muchas cosas simultáneamente. Puedes llegar desde muchas direcciones. Pero el lenguaje es lineal. Una línea que se mueve... Es decir, las cosas empiezan a suceder una tras otra. En la lógica las cosas también empiezan a suceder una tras otra. Y si sucede una cosa entonces puede llegar la siguiente.

Fíjate: si dices una cosa luego no puedes decir lo contrario; te lo has prohibido. Pero en la existencia, los opuestos existen juntos. La vida existe con la muerte; el amor existe con el odio; no lo niega. No es que el amor exista y entonces el odio desaparezca. ¡Existen juntos! La luz existe con la oscuridad; pero si construimos una frase, si decimos: «En la habitación había luz», no puedes decir a continuación: «La habitación estaba a oscuras». Ahora es imposible.

Lo has confinado, has desechado la paradoja. La existencia es paradójica.

Y yo llamo zen al camino de la paradoja. La intuición es paradójica. No es lineal, es multidimensional.

Conciencia frente a inconsciencia... Pero recuerda que cuando digo inconsciencia no me estoy refiriendo al inconsciente freudiano. Ése es un inconsciente muy pobre, muy pequeño. Se trata únicamente del consciente reprimido, no es gran cosa. Para el zen, el inconsciente es Dios. Para el zen, el consciente es una pequeña parte, la punta del iceberg, mientras que el inconsciente es vasto, enorme, gigantesco, ilimitado. El consciente debe disolverse en el inconsciente, no al revés. No se trata de que el inconsciente deba tornarse consciente. Y ese inconsciente habita en el vientre.

> El consciente debe disolverse en el inconsciente, no al revés. No se trata de que el inconsciente deba tornarse consciente.

Pero recuerda que la palabra "inconsciente" no tiene unas connotaciones muy buenas; da la impresión de que implicara la ausencia de conciencia. Pero no, existe otro tipo de conciencia. No se trata de esta conciencia que conoces, sino de otro tipo de conciencia distinta. Un tipo de conciencia separada, de una clase completamente diferente. No es intelectual, sino intuitiva; no es analítica, sino sintética; no es divisible, sino indivisible.

La parte frente al todo: la cabeza es una parte; sólo el vientre es tu totalidad. La cabeza está en tu circunferencia; el vientre es tu centro. Hacer frente a suceder: para la cabeza, las cosas tienen que hacerse; es una gran hacedora. Para el vientre, las cosas sólo suceden; no hay intención. Y la muerte frente a la vida: la cabeza acumula muerte porque todos los pensamientos están muertos. En el vientre palpita la vida.

Y finalmente, el tener frente al ser. La cabeza es una acaparadora, una avara, no deja de acumular. Todo su esfuerzo está dirigido a tener más y más. No importe el qué: dinero o conocimiento; sea lo que sea, pero *tener*. Más y más. Más mujeres, más hombres, más casas, más dinero, más poder, más conocimiento... lo que sea, pero más. Y la cabeza no hace más que intentar tener más porque cree que teniendo más acabará *siendo*. Pero nunca acaba siendo más, porque tener nunca puede transformarse en ser.

El vientre es el centro del ser; no piensa en términos de tener, sino de ser. Uno es. Uno disfruta de este momento de talidad. En ese momento de talidad todo está disponible, todo es una bendición.

El maestro dice: «¡Se me revuelve el estómago!». Y eso es lo que quiere decir. La cabeza es destructiva, deséchala. Pero abandonarla no significa que no la utilices. Debes hacerlo, pero no debes ser utilizado por ella.

3. EL GOBERNADOR DE KYOTO

Keichu, el gran maestro zen de la era Meiji era el abad de Tofuku-ji, un enorme templo de Kyoto. Un día vino a visitarle por primera vez el gobernador de Kyoto.

Su asistente le llevó la tarjeta de visita del gobernador, en la que se leía: «Kitagaki, gobernador de Kyoto».

–No tengo nada que tratar con ese tipo –dijo Keichu a su asistente–. Dile que se largue de aquí.

El asistente devolvió la tarjeta con sus disculpas:

–Ha sido culpa mía –dijo el gobernador.

Tomó un lápiz y tachó las palabras "gobernador de Kyoto".

–Pregúntale otra vez a tu maestro.

–¡Ah! ¿Es Kitagaki? –exclamó el maestro cuando leyó la tarjeta–. Hombre, dile que pase.

La existencia es una celebración continua, excepto para el ser humano. La existencia es un carnaval, una orgía de alegría, excepto para el ser humano. El ser humano se ha salido de esta tremenda celebración sin fin. El ser humano ha dejado de formar parte de ella, y permanece solo, alienado. Es como si el ser humano hubiera perdido las raíces que debería tener en la existencia. El ser humano es un árbol que está muriéndose, secándose, que ha dejado de estar vivo. Los pájaros ya no vienen

> La existencia es una celebración continua, excepto para el ser humano. La existencia es un carnaval, una orgía de alegría, excepto para el ser humano.

a posarse en sus ramas, las nubes no le cantan, los vientos no danzan a su alrededor.

¿Qué le ha sucedido al ser humano? ¿Y cómo? ¿Por qué se halla en un infierno así? ¿Por qué está el ser humano metido en tal situación? Debe haber algo fundamental que no funciona.

El análisis zen, el diagnóstico zen, se debe a que el ser humano piensa que *es*. Los árboles no piensan, carecen de yo. Las piedras no piensan, carecen de un yo. El cielo carece de un yo, la tierra carece de un yo. Sin un yo no hay posibilidad de caer en la miseria. El yo es la puerta que da a la miseria. El Buda lo llamó *atta*, el ego, el yo.

Somos desgraciados porque estamos demasiado en el yo. ¿Qué quiere decir que estamos demasiado en el yo? ¿Y qué sucede exactamente cuando estamos demasiado en el yo? O bien se está en la existencia o en el yo, pero ambas cosas no son posibles. Estar en el yo significa estar aparte, ser separado. Estar en el yo significa convertirse en una isla. Estar en el yo significa trazar una línea de separación a tu alrededor. Estar en el yo significa realizar una distinción entre "esto soy yo" y "esto no soy yo". La definición, la separación entre "yo" y "no yo", es lo que es el yo; el yo aísla,

Y te congela, dejas de fluir. Si fluyes, el yo no puede existir; por eso la gente parecen cubitos de hielo. Si carecen de toda calidez no pueden albergar nada de amor. El amor es calidez, y ellos tienen miedo del amor. Si les llega algo de calidez, empiezan a deshacerse y desaparecen las fronteras. En el amor desaparecen las fronteras; en la alegría también desaparecen, porque la alegría no es fría. Nada es frío, excepto la muerte. El yo es muy frío. El yo es la muerte. Quienes viven en el yo están ya muertos, o tal vez ni siquiera llegaron a nacer. Se perdieron su nacimiento. Nacer, vivir, significa fluir, ser cálido, deshacerse, disolverse, no saber dónde se acaba y dónde comienza la existencia, desconocer los límites, permanecer en esa conciencia difusa. Eres consciente, desde luego, pero no hay conciencia de la propia identidad. La conciencia en sí misma es inconsciente de la propia identidad.

> La conciencia puede convertirse en egocentrismo en cualquier momento, y en el instante en que la conciencia se vuelve egocentrismo, lo que iba a ser gozo se torna maldición.

La conciencia puede convertir al ser humano en el ser más feliz de la tierra. Es una gran oportunidad... pero justo al lado acecha un peligro. La conciencia puede convertirse en egocentrismo en cualquier momento, y en el instante en que la conciencia se vuelve egocentrismo, lo que iba a ser gozo se torna maldición. Te conviertes en algo muerto. Entonces sólo pretendes estar viviendo, te lo crees. Pero lo único que haces es arrastrarte, esperar a que llegue la muerte y te libere de esta supuesta vida.

El enfoque zen trata de cómo volver a convertirte en un no-yo. De cómo volver a disolver las demarcaciones, cómo no aferrarse a estas demarcaciones, cómo volver a abrirse. Cómo ser vulnerable, cómo estar disponible para la existencia, de manera que pueda penetrarte hasta la médula.

Dice Lao-tzu: «Todo el mundo parece tan seguro de sí mismo, menos yo. Todo el mundo parece tan bien definido, menos yo. Yo permanezco muy indefinido, ambiguo. Exactamente no sé dónde estoy o qué soy o qué no soy. No sé cómo definir el yo y el otro. No sé dónde se separan "yo" y "tú"».

Esencialmente, no están separados. "Yo" es la polaridad de "tú"; son vibraciones de la misma energía. Esa energía que habla en mí está escuchando en ti; no está separada, no puede estarlo. Es un único espectro, una sólo longitud de onda. La misma onda que habla en mí está escuchando en ti. La misma energía es hombre en ti y mujer en otra persona. La misma energía es ser humano en ti y vegetal en los árboles. La existencia está hecha de la misma energía. Es un único material, tanto en las piedras como en las estrellas; en el hombre y en la mujer. Es un todo.

Perder ese todo y confinarse en el yo es la desgracia. Ése es el infierno. No esperes ningún otro infierno, ya estás en él. Tu ego es tu infierno. No hay otro. No pienses en un lugar profundo, oculto bajo la tierra. Está aquí, ya estás en él, está en ti. Viene con el ego.

Debemos comprender este fenómeno del ego. Una vez que lo comprendamos, el zen se torna muy claro. Entonces el zen resulta ser una metodología muy, muy sencilla. Una vez que en ti surge la comprensión de qué es este yo, puedes convertirte fácilmente en no-yo. Esa comprensión misma te libera del yo. Al surgir la comprensión el yo empieza a desaparecer, de la misma manera que cuando enciendes la luz en una habitación desaparece la oscuridad.

Primero hay que entender que cuando nace un niño carece de ego. No sabe quién es. Es una hoja en blanco. A partir de entonces empezamos a escribir en él. Le decimos que es un niño o que es una niña, que es musulmán o hinduista, que es bueno o malo, que es inteligente o estúpido. Empezamos a alimentarle ideas. Empezamos a proporcionarle ideas acerca de quién es. Que si es hermoso o no, obediente o desobediente, amado o no amado, necesitado o prescindible... un continuo torrente de ideas. Esas ideas se van acumulando en su conciencia, y el espejo empieza a cubrirse de mucho polvo y algunas de las ideas comienzan a fijarse, a enraizarse en el ser del niño. Empieza a pensar de la manera que le has enseñado.

Poco a poco, se olvida totalmente de que llegó al mundo como pura vaciedad. Empieza a creer. Y un niño confía sin límites. Confía en todo lo que le dices. Te ama. Todavía no duda, todavía no sospecha. ¿Cómo podría sospechar? Es tan puro... es sólo pura conciencia, puro amor. Así que cuando su madre le dice algo, él confía.

> Te conviertes en lo que piensas que eres. Bueno, no es que te conviertas en ello, sino que esa idea se enraiza profundamente, y de eso es de lo que trata el condicionamiento.

Ahora los psicólogos dicen que si le repites algo a una persona continuamente, acaba convirtiéndose en eso. Te conviertes en lo que piensas que eres. Bueno, no es que te conviertas en ello, sino que esa idea se enraiza profundamente, y de eso es de lo que trata el condicionamiento. Si le repites continuamente a un chavalín que es estúpido, se tornará estúpido, empezará a pensar que es estúpido. Y no sólo eso, sino que comenzará a comportarse de manera estúpida. Tendrá que ajustarse a cierta idea que se le ha dado. Cuando todo el mundo cree que es estúpido, él también piensa que debe serlo. Es muy difícil creer algo que nadie piensa de ti. Es imposible. Se necesita algún tipo de apoyo.

El niño carece de todo apoyo. Busca a su alrededor, busca en tus ojos. Tus ojos funcionan como un espejo y él ve su rostro en ellos, y también ve lo que estás diciendo. Un niño puede volverse hermoso, feo, un santo o un criminal. Depende del condicionamiento, de cómo le condiciones.

Pero tanto si se convierte en un santo o en un pecador, no tiene importancia, en cuanto respecta a la miseria, pues de cualquier manera será miserable. No importa si se convierte en un estúpido o en alguien inteligente, porque –y recuérdalo bien– es el condicionamiento el que trae la miseria. Puedes condicionarle para que sea un santo, y lo será, pero continuará siendo miserable.

Puedes ir a ver a tus pretendidos santos. ¡No hallarás seres más miserables en ningún otro lugar! A veces los pecadores pueden sentirse gozosos, pero los santos nunca. Son tan santos... que ¿cómo podrían reírse, disfrutar, bailar y cantar? ¿Cómo podrían ser tan ordinarios y humanos? Son sobrehumanos y permanecen congelados en la sobrehumanidad. No es más que puro ego.

El zen es un tipo de religión totalmente distinto. Insufla humanidad a la religión. No le interesa nada sobrehumano. Todo su interés radica en cómo convertir la vida cotidiana en una bendición. Otras religiones intentan destruir tu vida cotidiana y hacer de ti alguien extraordinario; y ésos son los viajes del ego, y lo cierto es que no te harán feliz. Te condicionan, te respetan. Como eres bueno la sociedad te respeta, como eres bueno te respetan los padres, y porque eres bueno te respetan los profesores. Y poco a poco te va penetrando la idea de que si eres bueno todo el mundo te respetará y que si eres malo nadie te respetará.

> El zen es un tipo de religión totalmente distinto. Insufla humanidad a la religión. No le interesa nada sobrehumano. Todo su interés radica en cómo convertir la vida cotidiana en una bendición.

Pero la respetabilidad no es vida. La respetabilidad es muy venenosa. Un ser humano realmente vivo no se preocupa de la respetabilidad. Vive, y lo hace con autenticidad. No se para a considerar lo que piensan los demás. Gurdjieff solía decir a sus discípulos: «No consideréis. Acordaros de nunca considerar a los demás porque el ego surge en vosotros de la consideración hacia los demás. Debe ser cortado, de raíz».

Una vez que el niño empieza a fijarse, el niño ya tiene un yo. Este yo es algo fabricado. Es un subproducto social. En realidad no tienes ninguno, lo que ocurre es que te lo crees. Es una creencia, la más peligrosa de todas. En realidad no hay un yo, en realidad no puede haberlo, porque no estamos separados de la existencia, sino unidos y juntos en un universo. Ése es el significado de la palabra "universo": es uno. No es un multiverso, sino un universo. Todo es uno; al morir, al vivir, al nacer, al amar, al odiar, todos somos uno. Palpitamos juntos.

El hálito que tomo me viene de ti. Hace un instante era tu hálito, y ahora es el mío. Y en un instante dejará de ser mío, para pasar a ser de otro. No puedes reclamar ni siquiera tu respiración, decir que es "mía". Se mueve.

Vivimos en un mar de vida; vivimos dentro de todos. Lo que os pertenece a vosotros puede ser mío, lo que es mío puede perteneceros a todos vosotros. Hace tan sólo un momento, antes de que empezase a hablar, había algo en mí; ahora lo estoy vertiendo en vosotros y se convertirá en vosotros. Se transformará en vuestra conciencia, en vuestra memoria, en vuestra mente, será totalmente vuestro. Una vez se ha escuchado un pensamiento, una vez se ha comprendido, pasa a ser vuestro. Deja de ser mío. Estamos interconectados.

Así que el yo es una entidad falsa creada por la sociedad para sus propios propósitos. Si se comprenden los propósitos, uno puede interpretar el papel pero sin dejarse entontecer por él. El propósito, es que todo el mundo necesita un carnet de identidad; sino todo resultaría muy difícil. Todo el mundo necesita un nombre, una dirección, un carnet de identidad, un pasaporte; de otra manera todo resultaría muy difícil. ¿Cómo llamar a alguien? ¿Cómo dirigirse a alguien? Se trata de cosas utilitarias, necesarias, sí, realmente necesarias, pero que carecen de verdad en ellas. Son arreglos.

A cierta flor la llamamos "rosa". No es que sea su nombre –no lo tiene–, pero tenemos que llamárselo, si no lo hiciéramos sería difícil distinguir entre una rosa y un loto. Y si quisieras una rosa te resultaría difícil decir qué es lo que quieres. Son requerimientos. Sí, tienes necesidad de un cierto nombre, de una etiqueta, pero no eres el nombre ni la etiqueta.

Este entendimiento debe abrirse paso en ti: no eres tu nombre, no eres tu forma, no eres ni huinduista, ni cristiano, ni indio, ni chino. No perteneces a nadie, a ninguna secta ni organización. Debes entender que el todo te pertenece y que tú le perteneces al todo. Es cierto. Con este entendimiento tu ego empezará a soltar presa, y un día sabrás que podrás utilizarlo, pero ya sin que él te utilice a ti.

Lo segundo que hay que recordar es que el ego se identifica con un rol, con una función. Alguien es administrativo, otro es delegado, el otro es jardinero, y otro distinto es gobernador. Son funciones, son cosas que haces; pero no son tu ser.

Cuando alguien pregunta: «¿Y tú quién eres?», y tú dices: «Soy ingeniero», tu respuesta es existencialmente errónea. ¿Cómo puedes ser ingeniero? Eso es lo que haces, no lo que eres. No te encierres demasiado en tu función, porque encerrarse demasiado en ella es encarcelarse. Realizas las funciones de un ingeniero, o el trabajo de un médico, o de un gobernador, pero eso no significa que tú *eres* eso. Puedes abandonar el trabajo de ingeniero y convertirte en pintor, y puedes dejar de hacer de pintor y ser barrendero... eres infinito.

> No te encierres demasiado en tu función, porque encerrarse demasiado en ella es encarcelarse.

Al nacer, un niño tiene disponible la infinitud. Pero poco a poco esa infinitud deja de estar disponible; empieza a fijarse en una cierta dirección. Un niño nace multidimensional, pero tarde o temprano empieza a elegir. Y nosotros le ayudamos a hacerlo, para que pueda ser alguien.

Hay un dicho chino que habla de que el ser humano nace infinito, pero poca gente muere infinita. El ser humano nace infinito y muere finito. Cuando naciste eras pura existencia. Cuando mueras serás un médico, o un ingeniero, o un profesor. ¡Serás un perdedor en términos de vida! Cuando naciste tenías abiertas todas las alternativas, infinitas posibilidades: podías haberte convertido en profesor, en científico, en poeta; tenías disponibles millones de oportunidades, todas las puertas estaban abiertas. Y luego, poco a poco, te fuiste asentando, te convertiste en profesor, en profesor de matemáticas, en un experto, en un especialista. Te fuiste estrechando cada vez más. Y ahora eres como un túnel pequeño que cada vez es más y más estrecho. Naciste como el cielo entero, pero no tardaste en meterte en un túnel, y ya nunca has salido de él. El túnel es el ego. Es identificarse con la función.

Resulta insultante pensar en un ser humano como un administrativo. Resulta muy insultante pensar acerca de ti mismo como si sólo fueses un administrativo; resulta degradante. Sois dioses y diosas, nada menos. Puede que más, pero no menos. Cuando digo que sois dioses y diosas, quiero decir que vuestras posibilidades son infinitas, que vuestro potencial es infinito. Tal vez no estéis poniendo a trabajar todo vuestro potencial, pero es que nadie puede, porque es tan vasto que resulta imposible. Sois el universo entero; ni siquiera en un tiempo eterno

> Cuando digo que sois dioses y diosas, quiero decir que vuestras posibilidades son infinitas, que vuestro potencial es infinito.

podríais llegar a agotar vuestro potencial. Eso es lo que quiero decir cuando digo que eres un dios, que eres inagotable.

Pero hay que poner algo en práctica. Aprendes un lenguaje, te conviertes en alguien muy expresivo y articulado, y te conviertes en orador. Cuentas con un cierto sentido verbal y te conviertes en poeta. Tienes cierto oído musical, te encanta la música, estás dotado para los sonidos y te conviertes en músico. Pero ésas son posibilidades muy, pero que muy diminutas. No pienses que te acabas con ellas; nadie se acaba nunca con nada. Sea lo que sea que hayas hecho, no es nada comparado con lo que puedes hacer. Y sea lo que sea que puedas hacer, no es nada comparado con lo que eres.

El ego significa identificarse con la función. Claro está, un gobernador tiene un cierto tipo de ego: es gobernador y cree que ha llegado a algún sitio. Un primer ministro tiene un ego y también cree que ha llegado a algún sitio. ¿Qué más puede haber para él?

Eso es una tontería, una estupidez. La vida es tan grande que no hay modo de agotarla. ¡No hay manera! Cuanto más penetras en ella, más vastas son las posibilidades que te abren sus puertas. Sí, puedes alcanzar una cima, pero luego hay otra, y otra, y es un nunca acabar. El ser humano nace a cada instante si permanece disponible a su ser potencial.

El énfasis del ego está en hacer, y el de la conciencia, en ser. El zen es para ser y todos estamos por el hacer. Así que vivimos en la miseria porque nuestros seres son inmensamente grandes y los forzamos a vivir en túneles muy pequeños. Eso crea miseria, confinamiento. Se pierde la libertad y uno empieza a sentirse impedido, bloqueado, vedado, obstruido, obstaculizado. Empiezas a sentirte limitado desde todas partes. Pero no hay nadie responsable, excepto tú.

Un hombre de entendimiento funciona, trabaja en mil y una cosas, pero siempre se sale de ellas. Cuando va a la oficina puede convertirse en un gobernador, pero en el momento en que sale de la oficina deja de serlo, vuelve a ser el cielo abierto, vuelve a ser un dios. Cuando regresa a casa, se convierte en el padre, pero no se identifica con ello. Ama a su esposa, se convierte en marido, pero no se identifica con ello. Tiene que hacer mil y una cosas, pero permanece libre de todas las funciones. Es padre, marido, madre, hermano, hijo, profesor, gobernador, primer ministro, presidente, barrendero, cantante... mil y una cosas, pero puede permanecer libre de todo ello. Permanece trascendente, más allá. No hay nada que pueda contenerle. Pasa por todas estas habitaciones, pero ninguna de ellas se convierte en prisión. De hecho, cuanto más se mueve,

La vida es tan grande que no hay modo de agotarla. ¡No hay manera! Cuanto más penetras en ella, más vastas son las posibilidades que te abren sus puertas. Sí, puedes alcanzar una cima, pero luego hay otra, y otra, y es un nunca acabar.

más libre se vuelve. No tienes más que fijarte. Cuando estás en la oficina, sé un administrativo, sé un delegado, sé un gobernador –eso está muy bien–, pero en el momento en que salgas de la oficina, no sigas siendo un gobernador, un administrativo, un delegado. La función ya ha acabado. ¿Por qué seguir cargando con ella? No vayas andando por la calle como si fueses gobernador, porque no lo eres. La gobernaduría te pesará y no te permitirá disfrutar. Los pájaros piarán en los árboles, pero ¿cómo podrá participar de ello un gobernador? ¿Cómo puede bailar con los pájaros un gobernador? Llegarán las lluvias y un pavo real tal vez se ponga a bailar. ¿Cómo podrá un gobernador plantarse en medio de la multitud para observarlo? Es imposible. Un gobernador debe continuar siendo gobernador. Sigue con lo suyo, nunca mira aquí o allá, nunca se fija en el verdor de los árboles, ni mira la luna. Sigue siendo gobernador.

Esas identidades fijas os matan. Cuanto más fijos más muertos. Tenéis que recordarlo. No estáis confinados por nada de lo que hagáis. Vuestras acciones son muy irrelevantes para vuestro ser. Vuestras acciones no significan nada para vuestro ser.

Hay gente que viene a verme y me dice: «¿Y qué ocurre con el *karma* pasado? ¿Y con las vidas pasadas?». Como digo que podéis iluminaros en un instante, me preguntan: «¿Y qué ocurre con el *karma* pasado?». Yo respondo que ese *karma* nunca es un confinamiento, porque las acciones nunca lo son. Si permaneces confinado es simplemente porque así lo quieres, si no no habría tal confinamiento. Al igual que sales de la oficina y abandonas tu función de gobernador, también en cada vida puedes salirte de esa vida. Ese sueño ha acabado, fuese dulce o una pesadilla. Te sales.

Eso es lo que hace constantemente un meditador. Se sale a cada momento del pasado, abandona por completo el pasado. Deja de estar allí, no se queda remoloneando, está liberado de él. Entonces no hay *karma*.

El *karma* no te obstaculiza, eres tú el que se apega a él. Se trata de un hábito, de una costumbre, y no haces más que practicarlo continuamente.

Cuando no estás con tu esposa, dejas de ser esposo. ¿Cómo puedes ser esposo sin una mujer? No tiene sentido. Cuando no estás con tu hijo, no eres ni padre ni madre. Cuando no escribes poesía, no eres poeta. Cuando no bailas, no eres bailarín. Sólo lo eres cuando te pones a bailar. En ese momento palpitas en una cierta función como bailarín, pero sólo en ese momento. Cuando se detiene la música, desaparece el bailarín, y tú te sales de ello. De esa manera uno se mantiene libre, flotando, fluyendo.

Me han contado que:

> El bufón del rey hacía tantos juegos de palabras que el rey, desesperado, le condenó a la horca. No obstante, cuando los verdugos se llevaron al bufón al cadalso, el rey, pensando que después de todo no era nada fácil dar con un buen bufón, se echó atrás y envió un mensajero con el perdón real. El mensajero llegó al cadalso justo a tiempo, y allí estaba el bufón, ya con la soga al cuello, y leyó el decreto real. Pero para que el bufón fuese perdonado debía prometer que nunca volvería a hacer otro juego de palabras. El bufón no pudo resistir la tentación, y canturreó: «Si no hay horca, me bailo una polca». Y le colgaron, claro.

¿El *karma* pasado? Tu vida pasada ya no está ahí, ¿cómo es que sigue revoloteando a tu alrededor? Está ahí sólo a causa de tu costumbre, porque no dejas de ponerla en práctica. Lo practicas en *esta* vida. El día que abandones esa costumbre te liberarás de ello. Podrás abandonar todo el pasado en un instante. Éste es uno de los grandes mensajes del zen: que puedes iluminarte instantáneamente.

Todo el resto de religiones se muestran muy miserables respecto a la iluminación. Son pura miseria, muy serias y formales; afirman que hay que cerrar todas las cuentas, que los malos *karmas* deben equilibrarse con otros buenos. Que llevará tiempo y no es nada fácil. Pero ya llevas dando vueltas por aquí desde toda la eternidad, y ya has hecho tantas cosas, ¡que liquidarlo todo resultará imposible! Y mientras tanto,

> ¿Cómo deja uno de apegarse? Hay que empezar en la vida actual, en esta vida. Sé un esposo y nunca seas un esposo. Sé madre y nunca seas madre; no te identifiques con el papel.

mientras vas liquidando tu pasado, irás haciendo otras muchas cosas, que se irán convirtiendo en tus problemas futuros. Comerás, o al menos respirarás, y cuando respiras eres violento, al igual que cuando comes. Y vivirás, y la vida es violencia, así que algo se te irá pegando. Se convertirá en un círculo vicioso. Nunca podrás deshacerte de ello.

La ilógica zen, o la lógica zen, es muy, pero que muy clara. El zen dice que puedes deshacerte de todo ello ahora mismo, en este momento, porque sólo se trata de un apego de tu parte. No es que los *karmas* se aferren a ti, sino que tú te apegas a ellos. Si dejas de apegarte... se acabó.

¿Cómo deja uno de apegarse? Hay que empezar en la vida actual, en esta vida. Sé un esposo y nunca seas un esposo. A eso es a lo que me refiero cuando digo que un *sannyasin* debe ser un actor perfecto. Sé madre y nunca seas madre; no te identifiques con el papel. Es un papel, cúmplelo con la mayor perfección posible, tan estéticamente como sea posible, con tanto amor como puedas, disfruta colmándolo, que se convierta en una obra de arte. Sé una hermosa esposa, madre, sé un maravilloso marido, o amante, pero no te *conviertas* en uno. En el momento en que te conviertes en ello te estás buscando problemas.

No permitas que las funciones se instalen en ti. No permitas que los roles se asienten en ti. Sé exactamente como un actor versátil, con muchos registros. El actor interpreta muchos papeles: a veces es un padre, o una madre, y a veces es un asesino, y otras tiene un papel muy serio, o bien interpreta un papel ridículo. Pero interpreta todos los papeles perfectamente igual, sin preocuparse por el que le ha tocado. Sigue siendo versátil, y aporta todo lo que puede al papel. Si le das el papel de un asesino, será el mejor asesino del mundo, si le das el de un santo será el mejor santo del mundo. Y puede cambiar: en un acto será el santo, y en otro es el asesino. Pero su perfección permanece intacta.

Esta versatilidad también tiene que darse en la vida. La vida es una gran obra de teatro. Sí, el escenario es enorme, toda la Tierra funciona como un escenario y toda la gente son actores. Pero nadie sabe adónde va a parar todo esto. No han repartido el guión, pues debe crearse; hay que improvisar continuamente.

En el zen existen ciertas piezas teatrales llamadas *Noh*. No hay guión, sólo están los actores. Se alza el telón e improvisan. Empiezan a pasar cosas. Si hay gente en el escenario entonces seguro que pasa algo. Aunque se hallen en silencio, sentados, mirándose... algo pasará, sin necesidad de prepararlo ni ensayarlo.

La vida es exactamente igual, momento a momento. Salta del pasado, y sea lo que sea que pueda pasar, déjalo que pase, sin inhibiciones, sin reprimirlo. Métete en ello todo lo posible y tu libertad crecerá.

Una cosa más antes de seguir adelante. El ego, o el yo, es la parte pretendiendo ser el todo; es como si mis manos pretendiesen ser todo el cuerpo. Por ello, surgirán dificultades. Somos parte del universo infinito, y empezamos a pretender que somos el todo. El ego es una especie de locura, una neurosis, una megalomanía. El ego es una locura; si le escuchas te darás cuenta de que así es. Cree que todo es posible. Cree que puede conquistar el todo, la naturaleza, a Dios. Piensa en términos de conquista. Piensa en términos de agresión. Cree que todo es posible, que puede hacer cualquier cosa. Y cada vez se torna más ambicioso, y más loco.

> La gente zen ama tanto al Buda que pueden gastarle bromas.
>
> Son producto del más profundo amor; no tienen miedo.

En China hay una historia zen muy antigua, *El mono*.* El mono es uno de los más antiguos símbolos para designar la mente, el yo, el ego. El mono es una metáfora de la estupidez del ego, y esta historia es extraña. Sólo alguien zen puede escribir una historia así, ninguna otra religión puede ser tan valiente. A las otras religiones –para los cristianos, hinduistas, musulmanes– les parecerá sacrílega, irrespetuosa hacia el Buda o Dios. Pero no lo es. La gente zen ama tanto al Buda que pueden gastarle bromas. Son producto del más profundo amor; no tienen miedo. La gente zen no son personas temerosas de Dios, recuérdalo, son amantes de Dios. Cuando amas a alguien también te puedes reír. Y saben que con su risa no ridiculizan al Buda. De hecho, con su risa le están ofreciendo su amor.

La historia ha sido condenada por otras religiones. Sí, es cierto que los cristianos no pueden escribir historias así sobre Jesús. Los jainistas tampoco escriben así sobre Mahavira, ni los budistas hindúes escriben historias como ésta sobre el Buda. Sólo en China y Japón ha crecido la religión de manera tan maravillosa, como para hacerlo posible. El humor ha sido posible.

Escuchad la historia:

> Un mono se presentó ante el Buda. Afirmó que podía hacer cualquier cosa, pues no era un mono ordinario. Era como

---

* Hace referencia a la novela china más famosa de todos los tiempos, *Viaje al oeste* (Siruela, Madrid, 1999), sobre las aventuras del monje Tang, el mono Wu-kung, el cerdo Ba-chie y el bonzo Sha, que parten hacia el Paraíso Occidental (India) en busca de las escrituras del Buda, con la ayuda de la *bodhisattva* Kuan-yin. *(N. del T.)*.

Alejandro Magno. Decía: «¿Imposible? Esa palabra no existe en mi vocabulario. Puedo hacer cualquier cosa». Era un mono sensacional, o al menos eso creía él.

El Buda le dijo:

−Voy a hacer una apuesta contigo. Si realmente eres tan listo y tan grande como dices, salta más allá de la palma de mi mano derecha. Si lo consigues, le diré al Emperador de Jade que venga a vivir conmigo en el Paraíso Occidental y tú te quedarás con su trono sin más. Pero si fracasas deberás regresar a la tierra y realizar penitencia durante un *kalpa* antes de regresar a mi presencia.

«Este Buda −pensó el mono para sí− es un tonto de remate. Puedo saltar ciento ochenta mil leguas, y la palma de su mano no puede tener más de veinte centímetros de anchura. ¿Cómo no voy a poder saltar por encima?»

−¿Estás seguro de poder hacer eso por mí? −preguntó el mono.

−Desde luego que lo estoy −respondió el Buda.

Estiró la mano derecha, que parecía del tamaño de una hoja de loto. El mono se puso la vara tras la oreja y saltó con todas sus fuerzas.

«Ya está bien −se dijo el mono para sí−. Ahora ya me he pasado de largo.»

Se movía con tal rapidez que casi resultaba invisible, y el Buda, que le observaba con el ojo de la sabiduría, apenas vio pasar zumbando un remolino.

El mono llegó finalmente a cinco pilares rosados que se hallaban clavados en el aire.

«Éste es el fin del mundo −se dijo−. Todo lo que tengo que hacer es regresar donde está el Buda y reclamar mis derechos. El trono ya es mío.»

«Un momento −pensó−. Mejor que deje constancia de alguna manera en caso de que el Buda me ponga pegas.»

Así que en la base del pilar del medio escribió: «El Gran Sabio, Semejante al Cielo, ha alcanzado este lugar». Luego, para mostrar su respeto, se alivió al pie del primer pilar y saltó de regreso al lugar de origen.

De pie sobre la palma del Buda, dijo:

–He ido y he vuelto. Puedes irle diciendo al Emperador de Jade que me entregue los palacios del Cielo.

–Mono apestoso –dijo el Buda–. Has estado en la palma de mi mano todo el tiempo.

–Estás equivocado –aseguró el mono–. Llegué hasta el fin del mundo, donde vi cinco pilares de color carne clavados en el cielo. En uno de ellos escribí algo. Si quieres te llevaré allí para que lo compruebes.

–No será necesario –dijo el Buda–. Mira aquí abajo.

El mono miró con sus ojos fieros y acerados, y en la base del dedo corazón de la mano del Buda vio escritas las palabras: «El Gran Sabio, Semejante al Cielo, ha alcanzado este lugar». Y de entre el pulgar y el índice le llegó el olor de orina de mono.

> El ego cree que lo puede todo. Vive en esa falacia; la parte vive en la falacia de que es el todo.

El mono es una metáfora del ego. El ego cree que lo puede todo. Vive en esa falacia; la parte vive en la falacia de que es el todo. El ego impotente vive en la falacia de que es omnipotente. El ego, que ni siquiera existe, cree que es el mismísimo centro de toda existencia. De ahí proviene la miseria.

Realizamos todo tipo de esfuerzos, y todos fracasan porque el enunciado es falso. El ser humano intenta triunfar pero nunca lo logra. Todo triunfo conlleva frustración. Hemos acumulado mucho dinero y muchos chismes, y hemos progresado muchísimo, pero la miseria no hace más que crecer. Hoy en día, la miseria es mayor que nunca. No debería ser así; por lógica no debería ser así. Nuestro siglo es el más avanzado científicamente. El ser humano nunca ha sido tan opulento ni nunca ha contado con tanta tecnología para explotar la naturaleza, pero tampoco nunca ha sido tan miserable. ¿Qué es lo que no funciona? El enunciado mismo es falso.

Para el no yo todo es posible; para el yo nada es posible. Si quieres conquistar el mundo, saldrás derrotado. Si no pretendes conquistar el mundo, entonces serás conquistador. En rendirse a la existencia radica la victoria. La fuerza de voluntad no conduce al paraíso, sino la entrega. Así que recuérdalo bien, y ahora entra en esta parábola:

> Keichu, el gran maestro zen de la era Meiji, era el abad de Tofuku-ji, un enorme templo de Kyoto. Un día vino a visitarle por primera vez el gobernador de Kyoto.
>
> Su asistente le llevó la tarjeta de visita del gobernador, en la que se leía: «Kitagaki, gobernador de Kyoto».
>
> –No tengo nada que tratar con ese tipo –dijo Keichu a su asistente–. Dile que se largue de aquí.
>
> El asistente devolvió la tarjeta con sus disculpas:
>
> –Ha sido culpa mía –dijo el gobernador.
>
> Tomó un lápiz y tachó las palabras "gobernador de Kyoto".
>
> –Pregúntale otra vez a tu maestro.
>
> –¡Ah! ¿Es Kitagaki? –exclamó el maestro cuando leyó la tarjeta–. Hombre, dile que pase.

¿Qué ha pasado? Se trata de una historia muy simple, pero de tremenda importancia.

Este gobernador va a ver a un maestro zen. Escribe su nombre –Kitagaki–, pero no puede olvidarse de que es gobernador de Kyoto. Cuando vas a ver a un maestro debes olvidar cualquier cosa de ese tipo; de otro modo no vayas. Puede que vayas físicamente, pero espiritualmente estás muy lejos, a kilómetros de distancia. El gobernador se interpondrá, la función se interpondrá.

¿Cómo puede acudir a un maestro zen un gobernador? Un hombre puede ir, y una mujer también, pero un gobernador, no. El "gobernador" es una función. La conciencia puede venir, pero el ego, no.

> Uno acude a un maestro zen con profunda humildad, porque sólo se puede aprender en la humildad. Vas para aprender, no para demostrar quién eres. Debes rendirte, entregarte, y no interpretar, ni manipular, ni impresionar.

Al ver la tarjeta de visita, el maestro dijo: «No tengo nada que tratar con ese tipo». Ni siquiera entiende lo más elemental, así que ¿para qué molestarse? Uno acude a un maestro zen con profunda humildad, porque sólo se puede aprender en la humildad. Vas para aprender, no para demostrar quién eres. Debes rendirte, entregarte, y no interpretar, ni manipular, ni impresionar. Vas bien humilde; sólo entonces podrás ir. Si vienes con ciertas ideas –que eres esto o lo otro–, entonces más vale que no vengas.

Pero llevamos nuestra función como si fuese una máscara. El rostro original permanece oculto. Si tienes mucho dinero se ve en tu cara, porque está ocultando el rostro real. Si estás en algún asunto político, la política aparece por ahí.

Un maestro zen no es un maestro religioso ordinario. No es un sacerdote, ni un papa o un *shankaracharya*. No cree en la jerarquía. Lo que quiere es verte directamente y que tú le veas de la misma manera. No quiere que nada se interponga entre los dos.

Este "gobernador" estaba en medio. Y a causa de este "gobernador" el maestro no podría permear a Kitagaki, y éste no podría comprender al maestro. Este "gobernador" sería un gran impedimento que no permitiría la comunicación. Y claro, cuando eres gobernador no puedes estar relajado. Estás tenso. Cuando eres gobernador no estás dispuesto a escuchar, estás dispuesto a ordenar. Cuando eres gobernador no te inclinas ante nadie.

El maestro tiene toda la razón cuando dice: «No tengo nada que tratar con ese tipo. Dile que se largue de aquí». Parece rudo. Pero no lo es, pues su contestación es producto de la más profunda compasión. Parece rudo porque estamos demasiado acostumbrados a las formalidades. Pero un maestro zen no forma parte de tu mundo formal, y por eso es maestro zen. Vive fuera de la sociedad. Es un pasota, un rebelde. No se preocupa de tus formalidades, porque la mentira continúa existiendo gracias a las formalidades, al igual que el ego. El ego se sustenta gracias a todo tipo de formalidades.

El maestro ha segado toda la hierba bajo los pies del gobernador. Le ha quitado todos los apoyos. Dice que no quiere ver a ese tipo. Aparentemente es duro y rudo, pero penetra en su interior y hallarás compasión. No se preocuparía si no fuese tan compasivo. Habría dicho: «Vale, que entre», le hubiera visto, hablado y habría acabado con él, porque ¿para qué molestarse? Pero en realidad quiere que ese tipo entre, pero no puede hacerlo siendo un gobernador. La gobernaduría debe abandonarse en la puerta. La vieja mente debe dejarse fuera del templo; debe entrar como una pizarra limpia. Debe entrar en el templo como un niño, sin ninguna idea preconcebida acerca de quién es. Entonces las cosas pueden comenzar a funcionar. Entonces la chispa del maestro puede prender en él. Recuerda que es por compasión. A veces los maestros han sido muy duros por compasión, casi crueles, y los maestros zen más todavía.

> La vieja mente debe dejarse fuera del templo; debe entrar como una pizarra limpia. Debe entrar en el templo como un niño, sin ninguna idea prefijada sobre quién es. Entonces las cosas pueden comenzar a funcionar.

En una ocasión, un gran político, un primer ministro, fue a ver a un maestro zen. Le preguntó: «Reverendo, ¿cómo explicaría el egoísmo?». El rostro del maestro zen se tornó súbitamente azul. Y le dijo al primer ministro, de manera muy arrogante y desdeñosa: «Pero ¿qué es lo que preguntas, pedazo de zoquete?».

Esta inesperada respuesta sacudió enormemente al primer ministro, tanto que la rabia le empezó a aflorar al rostro. El maestro zen sonrió y dijo: «Excelencia, *eso* es egoísmo».

Los maestros zen son muy realistas, muy pragmáticos, muy prácticos. Creen en la inmediatez, y no en las explicaciones. Sacuden fuerte para despertarte.

Si el primer ministro hubiera acudido a cualquier otro –a un santo hinduista o a uno jainista–, le habrían ofrecido largas explicaciones. Le habrían explicado teorías y filosofías; le habrían diseccionado la cuestión. Pero este maestro zen se limitó a clavarle el clavo en la cabeza. En lugar de meterse en teorías, optó por los hechos. Creó la situación que provocó la ira del primer ministro. De repente el ego dejó de ser una cuestión teórica, para convertirse en un hecho inmediato. El ego surge, el humo está ya ahí, rodeando las circunstancias del hombre. Y luego dice: «Excelencia, eso es egoísmo». Ha creado algo y ahora puede señalarlo directamente.

Parece muy duro responderle así a ese pobre hombre, que no ha hecho ninguna pregunta absurda, sino muy religiosa: «¿Qué es el ego? ¿Qué es el egoísmo?». Parece muy duro responderle: «Pero ¿qué es lo que preguntas, pedazo de zoquete?». Y no obstante, este maestro zen no era muy, muy zen. Porque se sabe que los maestros zen te sacuden, gritan, saltan encima de ti, te abren la puerta para que te vayas a fin de crear una situación en la que el problema cobre realidad, para que puedas despertar al problema de manera directa. El zen es directo. No cree en las cosas indirectas.

El asistente devolvió la tarjeta con sus disculpas:
—Ha sido culpa mía —dijo el gobernador.
Tomó un lápiz y tachó las palabras "gobernador de Kyoto".
—Pregúntale otra vez a tu maestro.

Ese hombre debía ser muy inteligente, porque los gobernadores ordinarios no saben actuar de esa manera. Un gobernador normal y corriente se hubiese enfadado de veras, y se habría vengado. Pero este hombre comprendió. Debía ser un hombre de inteligencia singular, de gran comprensión, nada estúpido. Comprendió. Pudo verlo. Pudo ver la compasión del maestro, la sugerencia, el indicio. Una sugerencia muy sutil. De no haber sido muy inteligente se le habría pasado por alto.

Sucede en muchas ocasiones. Mucha gente pasa por alto las indicaciones que son muy sutiles. La realidad es muy sutil. Fue capaz de leer la compasión del maestro. No se enfadó, ni se perturbó. Debió ver la razón por la que el maestro dijo: «No tengo nada que tratar con ese tipo». Era una indicación tan clara... Si permaneces alerta, las cosas son en realidad muy claras; si no estás alerta, entonces no lo son. Si no estás alerta, tu rabia interna, tu reacción, añadirá más confusión.

> Si permaneces alerta, las cosas son en realidad muy claras; si no estás alerta entonces no lo son. Si no estás alerta, tu rabia interna, tu reacción, añadirá más confusión.

—Ha sido culpa mía —dijo el gobernador.
Tomó un lápiz y tachó las palabras "gobernador de Kyoto".
—Pregúntale otra vez a tu maestro.
—¡Ah! ¿Es Kitagaki? —exclamó el maestro cuando leyó la tarjeta—. Hombre, dile que pase.

La situación cambió por completo con sólo deshacerse de las palabras "gobernador de Kyoto". ¿Puede un cambio tan pequeño provocar otro tan grande? Sí, pues la vida consiste en cambios muy pequeños. El ego no es gran cosa, más bien es una cosa pequeña. Pero mientras sufras por su causa, te parecerá muy grande. Si eres lo suficientemente inteligente como para desecharlo, verás que parece muy pequeño, como una mota de polvo en el ojo. Cuando se te mete una mota de polvo en el ojo te da la impresión de que se te ha metido todo el Himalaya. Todo está oscuro y cada vez ves peor, además de que resulta irritante. Pero cuando atrapas esa partícula de polvo y te la pones en la palma de la mano parece tan pequeña... y eso mismo ocurre con el ego. Una vez que empiezas a poder mirarlo, no parece gran cosa. Y la vida consiste en cambios realmente pequeños. Con un cambio pequeño tiene lugar un giro, y con él cambia toda la percepción global.

Es necesario que comprendas lo que sucedió en el interior de ese hombre. El que tachase las palabras "gobernador de Kyoto" sólo es lo externo. Pero ¿qué sucedió interiormente? También ahí debió de tachar algo, mucho más importante. Eso fue lo *realmente* importante. Tachó su función, su papel, su identidad. Se convirtió en una página en blanco. Tachó la idea de que era alguien. Olvidó todo lo que hubo aprendido hasta entonces. En ese momento lo soltó todo. No sabía quién era, así que ¿para qué pretenderlo? Sí, trabajaba de gobernador, de acuerdo, pero ¿qué tiene eso que ver con un maestro zen? ¿Y por qué tendría que importarle a un maestro zen el hecho de que seas gobernador o no? Ese pequeño cambio interior puede cambiar el mundo entero.

El cerebro humano está dividido en dos partes, en dos hemisferios. Ahora, las investigaciones científicas han demostrado muchos hechos acerca del cerebro humano. El lado derecho, el hemisferio derecho del cerebro, funciona de una manera totalmente distinta que el lado izquierdo. Están unidos por un puente diminuto, y todo el engranaje cambia a través de ese puente. El lado izquierdo del cerebro funciona a través de la razón: es prosa, lógica, agresión, ambición, ego. Es masculino, es *yang*, es muy violento. Este hemisferio izquierdo del cerebro es el de las matemáticas, la acción, el análisis, la secuencia, la masculinidad, el tiempo, la agresión, el trabajo... y todo ese tipo de cosas.

Los dos lados del cerebro están unidos mediante un puentecito muy frágil, y continuamente cambiamos del izquierdo al derecho y viceversa. De hecho, eso es lo que provoca la respiración. A veces respiras por la fosa nasal izquierda, y entonces tiene lugar un cambio y empiezas a hacerlo por la derecha. Cuando respiras por la fosa nasal derecha, se pone en funcionamiento el hemisferio izquierdo, pues están conectados contrariamente. Cuando respiras a través de la fosa nasal izquierda, es tu hemisferio derecho el que funciona.

Tu mano izquierda está unida al hemisferio derecho, tu mano derecha lo está al hemisferio izquierdo. Por eso se fuerza a los niños a escribir con la mano derecha. Da la impresión de que la derecha está bien, pero que hacerlo con la izquierda es erróneo. ¿Por qué? Porque un niño que escribe con la mano izquierda nunca será el tipo de persona que la sociedad quiere que sea. Será más poético, más imaginativo. Albergará grandes sueños. Será pintor, bailarín, cantante, músico, pero nunca será un as en matemáticas, ingeniería o ciencia. No se convertirá en un gran general, en un asesino o un político, no. Por todo ello, la mano izquierda es peligrosa. Se necesitan diestros. La historia está escrita por gente diestra. Los zurdos tienen que cambiar, porque si usas la mano izquierda empezará a funcionar tu parte imaginativa, tu parte femenina, tu falta de egoísmo. Serás más blando, te

103

abrirás más. Serás más receptivo. Por eso obligan a los niños a cambiar.

Tarde o temprano tendrá lugar una revuelta zurda contra los diestros. Tienen que rebelarse. De hecho, el cincuenta por ciento de las personas son zurdas –porque hay un equilibrio–, pero las hemos obligado a cambiar. De ese cincuenta por ciento, aproximadamente el cuarenta se han convertido en diestros a su pesar. El diez por ciento persiste. Pero lo hacen con miedo, con ansiedad. Como si algo estuviese equivocado. No es sólo cuestión de manos, también lo es del cerebro.

Los lingüistas acaban de despertarse al hecho de que en el mundo existen dos tipos de lenguas. Algunas funcionan desde el hemisferio izquierdo, por ejemplo, el inglés. Se trata de una lengua científica, más racional. En cambio, la lengua de los hopis funciona desde el derecho. Se trata de una lengua totalmente distinta, más pictórica, menos científica, más poética, más colorista, más viva. Los hopis no pueden desarrollar mucha matemática.

Hemos sido forzados a permanecer cada vez más en el hemisferio izquierdo y poco a poco nos hemos olvidado del derecho. Nos hemos olvidado del mundo del hemisferio derecho. Cuando sueltas el ego es un cambio que tiene lugar interiormente. Y tras ello surge en ti un tipo de energía totalmente distinto; te tornas más poético, más divertido, más alegre. Y uno crece. El crecimiento tiene lugar a través de lo femenino, y se realiza por el hemisferio derecho.

Así que esta parábola es simbólica. El gobernador comprendió. Y dijo: «Vale, abandonaré la idea de ser gobernador». Al tachar la idea de que era el gobernador de Kyoto pasó de su hemisferio izquierdo al derecho. Y sólo es posible mediante esa traslación.

Al contar la historia del Espíritu del Océano hablándole al Espíritu del Río, Chuang-tzu dice: «No puedes hablarle del océano a una rana de pozo, una criatura que pertenece a una esfera más estrecha. No puedes explicarle el hielo a un insecto estival, una criatura de temporada. No puedes explicarle el tao a un pedagogo, porque su alcance es demasiado limitado. Pero ahora que has emergido de tu estrecha esfera y visto el gran océano, conoces tu propia insignificancia y puedo hablarte de grandes principios».

Eso es lo que el océano le dice al río cuando éste desemboca en el mar. Hasta ese momento el océano ha permanecido tranquilo y ha guardado silencio. El río estaba ahí, dudando entre entrar o no en el océano, y éste guardaba silencio. Entonces el río desembocó en el océano y éste dijo: «Ahora que has emergido de tu estrecha esfera y visto el gran océano, conoces tu propia insignificancia y puedo hablarte de grandes principios».

Eso es exactamente lo que sucedió cuando Kitagaki dijo: «Sí, ha sido culpa mía». Esa sensación de que se había equivocado es un cambio radical. A la gente le resulta muy difícil reconocer que se han equivocado. Trata de defenderse, de racionalizar. Lo más fácil hubiera sido pensar: «Ese hombre es arrogante, un egoísta». ¿Qué habrías hecho de estar en el lugar de Kitagaki? Piénsalo... te hubieras dicho que ese hombre era arrogante. ¿Qué clase de maestro es? Un maestro debe ser muy humilde, un maestro debe ser la humildad personificada. Y ese hombre es un egoísta, ni siquiera sabe guardar las formas. Es rudo y primitivo. Te hubieras enfadado. Habrías echado mano de mil y una racionalizaciones. La gente va por ahí existiendo a base de racionalizaciones.

> A la gente le resulta muy difícil reconocer que se han equivocado. Trata de defenderse, de racionalizar.

105

—Estoy enamorado de mi caballo –le dijo el paciente preocupado al psiquiatra.

—Eso no es grave –replicó el psiquiatra–. Mucha gente ama a los animales. Mi esposa y yo tenemos un perro al que queremos muchísimo.

—Ah, doctor, ¡pero es que lo que siento por mi caballo es atracción física!

—Ya... –dijo el psiquiatra–. ¿Qué clase de caballo es? ¿Es un potro o una yegua?

—¡Una yegua, desde luego! –respondió airado el paciente–. ¿Es que cree que soy marica?

Siempre puedes echar mano de algo para defenderte. Puedes defender tu estupidez, tu enfermedad, tu neurosis. Puedes defender el estado en que te hallas. Puedes defender tu sufrimiento y tu miseria. La gente defiende sus infiernos con denuedo, no quieren salir de ellos.

> En el momento en que dices: «Sí, me he equivocado», de repente desaparece una tensión. Ahora no hay defensa, ahora no necesitas estar a la defensiva, ahora puedes abrirte.

En el momento en que el gobernador se dijo que había cometido un error, cambió todo su ser interior. ¿Te has fijado en lo que sucede en esas ocasiones? En el momento en que dices: «Sí, me he equivocado», de repente desaparece una tensión. Ahora no hay defensa, ahora no necesitas estar a la defensiva, ahora puedes abrirte. En el momento en que tachó las palabras "gobernador de Kyoto", se convirtió en otro hombre. Dejó de ser la misma persona. Por eso el maestro dijo: «¡Ah! ¿Es Kitagaki? Hombre, dile que pase». Ahora es una persona completamente distinta.

Dos personas están sentadas en un bar.

–Voy a dejar ese trabajo y quiero que vengas conmigo –dijo uno de ellos, después de la octava copa.

–¿En serio? –preguntó el amigo.

–Sí. Sé de un sitio en África donde hay un montón de oro esperando a que alguien se agache a recogerlo.

–Ya sabía que había una pega.

–¿Cuál es la pega?

–Que hay que agacharse.

Cuando vas a ver a un maestro tienes que agacharte, y eso es lo más difícil del mundo. El que toques los pies del maestro no se trata únicamente de una formalidad oriental. No es eso. Es simbólico. Ahora se ha convertido en una formalidad, y por eso ya no tiene sentido, pero si le tocas los pies al maestro de verdad hay algo que cambia enormemente en tu interior. Dejas de ser la misma persona, porque has tachado "gobernador de Kyoto". Eres más libre, estás más abierto y dispuesto a recibir. En el momento en que le tocas los pies al maestro eres más femenino, más pasivo, más dispuesto. Estás listo para ir con el maestro. El viaje es hacia lo desconocido, así que debes confiar. No hay manera de demostrar nada. No lo conoces, no lo has experimentado, no hay manera de demostrarlo aunque exista. Debes confiar.

Es como un pájaro enseñándole a sus crías a volar en el cielo... Nunca volaron antes, acaban de romper el cascarón, se están preparando. Ni siquiera saben que tienen alas. Las tienen, pero ¿cómo van a saberlo si nunca han estado en el cielo? ¿Cómo podrían saber que tienen alas? La madre les enseña. ¿Cómo? Sale y aletea. Las crías la observan y empiezan a sentir algo en su interior. Sí, a ellas también les gustaría hacer lo mismo. Pero están asustadas. Permanecen sentadas en el borde del nido, atemorizadas. Así que la madre va y les convence: «Por favor, venid». Tal vez una de las crías, un poco más valiente que el resto, más dispuesta a lanzarse al peligro, acaba saltando. Su salto resulta extraño, su vuelo no acaba de ser vuelo, y no tarda en regresar. Pero ahora sabe que tiene alas. Ahora aprender sólo es cuestión de tiempo. Sabe que es capaz de hacerlo. A veces la madre debe empujar a las crías, sólo empujarlas, para que sean conscientes de sus alas.

Un maestro está en la misma situación. Debes confiar, como un hijo confía en su madre. El maestro te lleva a realizar un viaje por donde nunca has estado. De hecho, te lleva a realizar un viaje por donde nunca has soñado, por no decir experimentado. Te lleva a realizar un viaje del que nunca has oído hablar. No puedes escuchar, aunque alguien esté hablando de ello, porque te resulta muy poco familiar. El maestro está cambiando completamente tu mente. Te conduce a una metamorfosis, a una transformación, a una metanoia. A veces podrá convencer, otras deberá empujar, pero una vez que estés en el cielo, sabrás.

Y lo más hermoso será que no te dará nada. Las alas ya eran tuyas, al igual que la energía para volar; y el cielo es tan tuyo como del maestro; no te estará dando nada. Pero no obstante, te habrá dado grandes cosas. Te habrá dado valor, y la posibilidad de confiar, de entrar en una nueva aventura, de avanzar hacia lo desconocido.

> Las alas ya eran tuyas, al igual que la energía para volar; y el cielo es tan tuyo como del maestro; no te estará dando nada. Pero no obstante, te habrá dado grandes cosas.

«¡Ah! ¿Es Kitagaki? Hombre, dile que pase.»

Ese borrar el título se ha convertido en un símbolo, y él comprendió su error. Resulta muy instructivo. Ahora el maestro está dispuesto a recibirle. El maestro sólo puede recibirte cuando estés listo para ser recibido. Antes de tiempo sería prematuro, no serviría de nada, no te sería de ayuda.

Si el maestro se hubiera mostrado un poco más formal, la visita del gobernador hubiera sido un tiro a ciegas. Pero como el maestro no lo fue, el gobernador tuvo la oportunidad de crecer. Y creció, porque ese crecimiento hay veces en que tiene lugar en un instante.

La inteligencia no necesita tiempo. Si eres inteligente, lo que te estoy contando ya te estará sucediendo; si por el contrario, eres estúpido, deberás pensar en ello. Si no, en el momento en que yo dijese algo, a ti te pasaría ese algo. Lo digo, y empieza a suceder, empiezas a sentirlo, empiezas a tener un cierto gusto por ello, empiezas a aletear, a prepararte para saltar. Empiezas a tener valor, empiezas a sentirte atraído hacia el riesgo que entraña. Mientras yo digo algo, si eres inteligente, no hay necesidad de hacer nada; te sucederá con sólo escuchar.

El Buda dijo que había dos tipos de personas: los que alcanzaban la verdad al escucharla, y los que tenían que esforzarse mucho. La segunda categoría es mediocre, pero te sorprendería saber que esa segunda categoría se ha hecho muy importante. A la primera la llama *shravaka*, exactamente la misma palabra que utiliza Mahavira. Quienes realizan con sólo escuchar: *shravaka*. Y a la segunda la llama *sadhu*: quienes no realizan con sólo escuchar, sino que deben esforzarse porque su inteligencia no es suficiente. Si no, la inteligencia es liberación. Si la escucha es correcta, sucede por sí mismo. Entonces cualquier situación puede ser una oportunidad.

El zen llama *mu-shin* a este estado de la mente. *Mu-shin* implica un estado de no mente, de inteligencia pura. Ningún pensamiento se mueve, sólo la llama de la atención. En este esta-

> El Buda dijo que había dos tipos de personas: los que alcanzaban la verdad al escucharla, y los que tenían que esforzarse mucho.

109

do el observador deja de estar separado de lo observado, el conocedor ya no sigue separado de lo conocido, el oyente no está separado del orador. En ese momento hay comunicación, y en ese momento hay transferencia. Entonces cualquier cosa puede servir, como por ejemplo mi silencio, o mi palabra, o cualquier gesto de mi mano.

Debes permanecer en *mu-shin*, un estado mental carente de ego, sin limitaciones. Dios, el nirvana, sólo es posible en ese estado.

Tenemos el famoso *haiku* de Basho:

> El viejo estanque,
> salta una rana.
> Plaf.

Se dice que Basho se hallaba sentado junto a un viejo estanque, un estanque muy antiguo. Y que en una piedra había una rana sentada. Debía ser una mañana muy soleada y la rana debía estar disfrutando del sol. Basho observaba, simplemente sentado y en silencio. Debía hallarse en un estado de *mu-shin*.

> El viejo estanque,
> salta una rana.
> Plaf.

Y con el sonido de la rana saltando en el viejo estanque –plaf–, se dice que Basho se iluminó. Ese "plaf" fue suficiente para despertarle.

Sí, en *mu-shin*, incluso un "plaf" es suficiente.

Este gobernador debía ser un hombre muy inteligente. De pie, junto a la puerta del maestro, debió de haber alcanzado, poco a poco, un cierto vislumbre de *mu-shin*. Y cuando llegó el asistente, con las excusas –«Señor, el maestro no desea veros. Ha rechazado la tarjeta. Ha dicho: "No tengo nada que tratar con ese tipo"»–, éstas debieron ser como... plaf... Algo sucedió en ese momento. El gobernador reconoció su error y se transformó en un hombre completamente distinto. Dejó de ser el mismo.

Sí, puede suceder en un instante. Es una cuestión de pura comprensión. Este canto del cuclillo también puede conseguirlo... plaf. El viento al pasar entre los árboles también puede provocarlo... plaf. Es posible. Lo imposible es posible si se está en *mu-shin*. Y el zen no es más que una disciplina acerca de cómo alcanzar este *mu-shin*, este estado de no mente.

4. EL HOMBRE
EN LA MONTAÑA

Érase una vez que había un hombre sobre una elevada montaña. Tres viajeros, que pasaban a lo lejos, se fijaron en él y empezaron a discutir sobre él. Uno dijo:

–Probablemente ha perdido a su animal favorito.

–No, lo más seguro es que ande buscando a sus amigos –terció otro.

–Está ahí arriba para disfrutar del aire puro –dijo el tercero.

Los tres viajeros no pudieron ponerse de acuerdo y continuaron discutiendo hasta el momento en que llegaron a lo alto de la montaña.

Uno de ellos preguntó:

–Amigo que estás encima de esta montaña, ¿has perdido a tu animal favorito?

–No, señor, no lo he perdido.

El segundo también preguntó:

–¿Has perdido algún amigo?

–No, señor, tampoco he perdido a amigo alguno.

El tercero aventuró:

–¿Estás aquí sólo para disfrutar del aire puro?

–No, señor.

—¿Entonces qué estás haciendo aquí, ya que has respondido negativamente a todas nuestras preguntas?
El hombre de la montaña respondió:
—Simplemente estoy aquí.

¿Qué es la meditación? La meditación es estar en armonía, interior y exteriormente. La meditación es estar en armonía. Meditación es *ser la armonía.*

El ser humano se ha perdido a sí mismo porque ha perdido su armonía. Está en conflicto; tiran de él en distintas direcciones a la vez. No es uno, sino muchos. Ser muchos es estar en un estado no meditativo; no ser muchos, sino simplemente uno, es estar en meditación. Y cuando realmente sólo hay uno, cuando ni siquiera ese uno está ahí...

En Oriente lo hemos llamado el estado de no dualidad, y no el estado de unidad. Hemos tenido que inventar esta expresión —no dualidad— para describir, para indicar que no es dual, eso es todo. Ya no hay dos, también han desaparecido los muchos. Y con ellos también el uno. El "uno" sólo puede existir entre los "muchos".

El ser humano, por lo general, es una multitud, un gentío. El ser humano no es uno porque carece de integración. Es todo fragmentos, no está junto, no es de una pieza.

Meditar es ser de una pieza, y cuando eres de una pieza estás en paz.

Primero hay que alcanzar la armonía interior y luego también podrá lograrse externamente. Primero un ser humano debe convertirse en una armonía, y desde ahí debe empezar a palpitar con la mayor de las armonías de la existencia.

Así pues, en la meditación hay dos pasos. El primero es no estar en conflicto interno con uno mismo, no permitir que el combate interior continúe: la mente luchando contra el cuerpo, la razón contra el sentimiento, la sensación contra la sexualidad. En el interior tiene lugar un combate continuo, ¿te has dado cuenta? Hay una guerra continua; sin ningún respiro. ¡Así claro que es imposible ser feliz! A menos que esos elementos combatientes de tu interior se abracen, dejen de luchar, se enamoren uno de otro o se disuelvan entre sí, no hay felicidad posible. La felicidad sólo es una esperanza.

La felicidad es una sombra de la armonía, sigue a la armonía. No hay otra manera de ser feliz. A menos que seas la armonía, ya puedes luchar lo que quieras, que sólo lograrás sentirte cada vez más frustrado y miserable. Al igual que una sombra, la felicidad te sigue cuando eres una totalidad armoniosa.

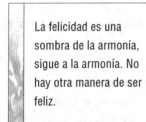

La felicidad es una sombra de la armonía, sigue a la armonía. No hay otra manera de ser feliz.

El primer paso tiene lugar en tu interior; y una vez que te hayas convertido en una única palpitación, sin divisiones, en una oleada de energía sin resistencias, sin inferior ni superior, sin elección, sin evaluación, sin juicio, cuando seas simplemente uno, entonces tiene lugar el segundo paso. Cuando eres uno puedes ver el uno; sólo puede verse entonces. Los ojos están despejados, se tiene claridad. Cuando eres uno inmediatamente ves el uno a tu alrededor. Ahora conoces el lenguaje del uno. El lenguaje múltiple ha desaparecido, ese ruido ya no está, el manicomio se ha ido, la pesadilla ha acabado. Estás en silencio. Y en ese silencio puedes disolverte inmediatamente en la existencia; ahora puedes sintonizarte con la palpitación del propio universo. Ése es el segundo paso de la meditación.

El primero es difícil, el segundo no lo es. El primero requiere esfuerzo, mucho esfuerzo; el segundo es muy simple, casi aparece de manera automática. El primero es como un ciego al que se opera para que pueda ver. El segundo es cuando ha finalizado la operación: los ojos están ahí, y el ciego los abre y puede ver la luz y el mundo de luz y los millones de alegrías de color, luz, belleza y forma que le rodean.

El primer paso requiere esfuerzo, el segundo llega inintencionado. El primero se parece al yoga, mientras que el segundo es más como el zen... o, para utilizar un paralelismo moderno, el primero se parece a Gurdjieff y el segundo es más como Krishnamurti. Por eso digo que el zen es el pináculo. El zen es la última palabra. El yoga es el principio del viaje, y el zen su fin.

Cuando eres uno, y de repente ves la unicidad fuera, se disuelven todas las barreras. Entonces deja de haber "yo" y "tú"; entonces sólo hay Dios, o verdad, o *samadhi*, o la palabra que sea... nirvana. La gente zen llama a este estado *sonomama* o *konomama*, el estado de pura talidad, *tathata*. Uno simplemente es. Uno no hace nada, no piensa nada, no siente nada, simplemente es. Esta talidad es la experiencia fundamental de beatitud. Más allá no hay nada. Y ése es el objetivo, llegar a esa talidad es la búsqueda, la eterna búsqueda, de todo ser.

> Cuando eres uno, y de repente ves la unicidad fuera, se disuelven todas las barreras. Entonces deja de haber «yo» y «tú»; entonces sólo hay Dios, o verdad, o *samadhi*, o la palabra que sea... nirvana.

Antes de que podamos comprender cómo alcanzar esa armonía interna, deberemos fijarnos muy bien en cómo nos hemos llegado a convertir en una multitud. ¿Cómo nos ha caído esa calamidad encima? ¿Quién la ha creado? ¿Cómo ha sido creada? A menos que sepamos cómo se ha creado no habrá manera de deshacerla.

En una ocasión en que el Buda llegó para su sermón matinal traía un pañuelo en la mano. Se sentó frente a sus diez mil monjes, y empezó a hacer nudos en el pañuelo. Les dejó a todos sorprendidos, porque nunca había hecho nada parecido. ¿Qué estaba haciendo? ¿Se había olvidado del sermón? Pero por respeto permanecieron quietos y siguieron observándole.

Una vez que el Buda hubo hecho cinco nudos en el pañuelo, dijo:

–Quiero deshacer estos nudos. Pero antes de hacerlo me gustaría hacer dos preguntas. Una: ¿es este pañuelo el mismo que antes de tener los nudos?

Ananda, uno de sus grandes discípulos, dijo:

–*Bhagwan*, en cierto modo es el mismo porque los nudos no afectan su existencia. No añaden ni destruyen nada. El pañuelo continúa siendo exactamente el mismo, su cualidad es igual, sigue siendo un pañuelo. Pero no obstante, no es el mismo, porque algo ha cambiado. Puede que tenga o que no tenga un valor fundamental, pero ahora cuenta con algo nuevo: esos cinco nudos. Está atado, y así pues, ya no es libre. Ha perdido la libertad. El pañuelo es el mismo pero ahora es un esclavo.

El Buda dijo:

–Muy bien, Ananda, eso es lo que quería decirles a mis monjes. Cuando el hombre está dividido permanece en cierto modo de la misma manera, y no obstante, ya no es el mismo. Ha perdido su libertad, su armonía, aunque fundamentalmente nada haya cambiado. Sois dioses y diosas, nada ha cambiado; sólo que el dios ha quedado atrapado tras la existencia de unos cuantos nudos. Fundamentalmente sois tan libres como un buda, existencialmente sois exactamente igual que yo, pero psicológicamente no estáis donde yo estoy, no sois lo que es el Buda. Existencialmente, todos somos budas, pero psicológicamente habitamos mundos distintos y particulares... estos nudos.

El Buda hizo a continuación la segunda pregunta:

–Monjes, tengo otra pregunta que haceros: ¿qué debería hacer para deshacer estos nudos?

Sariputta, otro de los monjes, se puso en pie y dijo:

–*Bhagwan*, si queréis deshacerlos permitid que me acerque, que los observe. Porque a menos que sepa cómo se han anudado no habrá manera de saber cómo pueden deshacerse. ¿Qué proceso se ha utilizado para atarlos? ¿Cómo han sido creados? Sólo sabiendo eso podrán desatarse. Permitid que me acerque. Y no hagáis nada antes de que pueda mirar, porque si hacéis algo sin saber cómo han empezado a existir los nudos, se pueden llegar a crear nudos todavía más sutiles. Puede resultar todavía más difícil. Puede llegar a ser imposible desatarlos.

Y el Buda dijo:

–Correcto, Sariputta, eso es exactamente lo que quería decir.

Antes de que uno comprenda cómo realizar, debe entender qué es lo que le falta. ¿Cuáles son las causas de su miseria? ¿Cómo llegó a estar dividido? ¿Cómo sucedió tal imposible, que lo indivisible se halla dividido, que la beatitud absoluta se haya convertido en miseria, que los dioses hayan caído prisioneros? ¿Cómo ha sucedido?

> Antes de que uno comprenda cómo realizar, debe entender qué es lo que le falta. ¿Cuáles son las causas de su miseria? ¿Cómo llegó a estar dividido?

El "cómo" debe llegar a conocerse con muchísima precisión, así que primero exploraremos el "cómo" conseguirlo.

Podemos empezar con Platón. Está en la base de la mente moderna. Con él empezó clara y lógicamente la división. Debe haber existido antes que él, pero nunca fue argumentada de manera tan lógica. Nunca fue expuesta antes por un genio como Platón. Y desde entonces, durante estos dos mil años, la división ha llegado a creerse. Y si uno cree ciertas cosas durante dos mil años, esas cosas acaban por convertirse en una realidad. Una creencia tiende a convertirse en una realidad. Una creencia hipnotiza, y poco a poco empieza a funcionar como si fuese real.

Platón afirmó que el comportamiento humano fluye desde tres fuentes principales: conocimiento, emoción y deseo. Esta es la primera indicación de una división nítida del ser humano. El ser humano está dividido en tres: conocimiento, emoción, deseo. El conocimiento tiene su origen en la cabeza, la emoción en el corazón, y el deseo en los ijares: cabeza, corazón y genitales, ésas son las tres divisiones. Claro está, la cabeza es la más elevada. El corazón es la mediana y los genitales la inferior. El hombre que vive a través de sus genitales es el más bajo; en la India lo llamamos *sudra*, intocable. Y el hombre que vive en la cabeza es el más elevado; en la India lo llamamos *brahmin*. Y todo el resto está entre ambos, con diversos grados de emocionalidad.

Estas tres divisiones no son sólo una creencia. Han penetrado de manera tan profunda en la conciencia humana que ahora la conciencia humana existe como tres. Estás dividido, ya no eres uno; ahora eres tres, te has convertido en una trinidad. Cuentas con tres rostros. Uno es el rostro sexual, muy privado y que ocultas en la oscuridad. El segundo es el rostro emocional, que no es tan privado, pero que sigue siendo particular, y sólo lo exhibes de vez en cuando. Si alguien muere y lloras, entonces está bien. Pero por lo general no lloras ni gimes, o lo dejas para las mujeres, porque no son criaturas tan elevadas como el hombre.

El chovinismo masculino está por todas partes. A la mujer no se la acepta como *brahmin*, y son muchas las religiones

Platón afirmó que el comportamiento humano fluye desde tres fuentes principales: conocimiento, emoción y deseo. Esta es la primera indicación de una división nítida del ser humano.

que la han negado, que han dicho que no será capaz de entrar en el reino de Dios como mujer. Primero deberá nacer como hombre, y sólo entonces podrá ser creíble. Sólo el hombre entra en el paraíso; una mujer es una criatura inferior. La mujer sólo tiene dos centros, el sexual y el emocional; no tiene cabeza, no tiene cerebro, carece de intelecto. Así que, claro está, puede llorar, gemir, reír y exhibir sus emociones y ser sentimental. El hombre rara vez, en contadas situaciones, permite aflorar sus emociones.

El sexo es absolutamente privado; las emociones son medio privadas y medio públicas; y el intelecto es absolutamente público. Eso es lo que se va enseñando por todas partes, lo que se exhibe. Razón, lógica, conocimiento, eso es lo importante.

Dos mil años más tarde, Sigmund Freud vuelve de nuevo con la misma división. ¡Qué extraños compañeros de cama: Platón y Freud! Pero de alguna manera, el hombre ha llegado a aceptar tan profundamente las divisiones que se han convertido en algo inconsciente. Freud también dice que la razón es el rey, la emoción la reina y el sexo la sirvienta, y claro está, ¡larga vida al rey! Destruye la sexualidad, destruye la emoción, y lleva toda tu energía hacia la cabeza. Permanece colgado en la cabeza.

Pero sin sexo desaparece toda alegría. Y sin emoción desaparece toda suavidad y sensibilidad. Con la razón te tornas seco como un desierto, una tierra baldía, en la que nada crece.

Leí la autobiografía de Charles Darwin y di con el siguiente párrafo. Es muy revelador. Darwin escribió: «La poesía de muchos tipos me proporcionó gran placer de niño, incluso ya siendo un joven. Antes, lo que me daba gran alegría era la pintura y la música, que me encantaba. Pero desde hace muchos años no soporto leer ni una línea de poesía. Lo he intentado, pero me resulta tan intolerablemente aburrido que me provoca náuseas. También he perdido todo gusto por la pintura y la música. Mi mente parece haberse convertido en una especie de máquina que tritura leyes generales a partir de grandes masas de hechos. No puedo concebir cómo eso puede haber causado la atrofia de esa parte del cerebro de la que dependen los gustos más elevados. La pérdida de esos disfrutes es una pérdida de felicidad».

Así escribió en su vejez. Que había perdido todo gusto por la poesía; de hecho, le daba náuseas. No toleraba la música. No dice nada acerca del amor... porque si la poesía le daba náuseas y la música se había convertido en algo intolerable, el amor debía resultarle imposible. ¿En qué clase de hombre se convirtió Darwin? Él mismo confiesa que se había convertido en una especie de máquina.

Eso es lo que le está sucediendo a la mayor parte de la humanidad. Todo el mundo se ha convertido en una máquina –en máquinas grandes y pequeñas, en máquinas más o menos hábiles–, pero todo el mundo se ha convertido en una máquina.

Y entonces todas las partes negadas se te rebelan, provocando una guerra constante. No puedes destruir la sexualidad; puedes trascenderla, sí, pero no destruirla. Y tampoco puedes destruir tus emociones. El corazón sigue funcionando y tejiendo sueños. Tal vez lo hace de manera subterránea porque te muestras contrario a ello, tal vez desaparecen en el inconsciente, en un oscura y profunda cueva, donde subsisten, pero siguen vivos. Las emociones pueden transformarse pero no destruirse. No pueden destruirse ni el sexo ni el corazón.

Pero eso es lo que ha estado haciendo la cabeza, que acostumbra a existir a expensas del corazón. Mata al corazón, al cuerpo, y luego vive como un fantasma en una máquina. Es algo que puede percibirse en todo el mundo. Cuanto más educación tiene una persona, menos viva está. Cuanto más sabe, menos vive. Cuanto más fluida es en abstracciones y concep-

> La cabeza acostumbra a existir a expensas del corazón. Mata al corazón, al cuerpo, y luego vive como un fantasma en una máquina.

tos, menos y menos fluye. Una persona confinada en la cabeza pierde su jugosidad, pierde la alegría de vivir. La observación de Charles Darwin es perfecta. Dice: «¿Qué es lo que me ha pasado? ¿Por qué he perdido toda mi felicidad? ¿Por qué ha desaparecido mi deleite y alegría?».

Pues sucede porque os lleváis toda vuestra energía a la cabeza, sin dejar nada a la sexualidad, porque –permitid que os lo recuerde– toda la alegría proviene de la sexualidad. Cuando utilizo la palabra "sexualidad" no sólo quiero decir genitalidad. Lo genital es sólo una experiencia y expresión de lo sexual muy diminuta. Lo sexual es algo enorme. Al decir sexualidad me refiero a siempre que vuestro cuerpo está vivo, sensual, cuando vibra y palpita, que es cuando os encontráis en un estado sexual. Puede que no tenga nada que ver con lo genital. Por ejemplo, cuando bailáis sois sexuales; un bailarín es sexual, la energía del baile es sexual. No es genital, porque puede que no penséis para nada en el sexo, que lo hayáis olvidado por completo. De hecho, la sexualidad es cuando te olvidas totalmente del sexo y te fundes en cualquier participación profunda con la totalidad del cuerpo. Puede ser nadando o corriendo, corriendo por la mañana.

Durante diez años estuve corriendo ocho millas cada mañana y ocho más al anochecer, de 1947 a 1957. Era una costumbre. Y corriendo llegué a experimentar muchas cosas. Recorriendo dieciséis millas al día habré dado la vuelta al mundo siete veces en esos diez años. Tras haber corrido la primera o segunda milla llega un momento en que la cosas empiezan a fluir y dejas de seguir en la cabeza; te conviertes en el cuerpo, *eres* el cuerpo. Empiezas a funcionar como un ser vivo, como hacen los árboles y los animales. Te conviertes en tigre, o pavo real, o en un lobo; te olvidas de la cabeza. Te olvidas de la universidad, de los títulos, y no sabes nada de nada, sólo eres.

De hecho, al cabo de tres o cuatro millas, vas dejando de concebirte a ti mismo como una cabeza. Surge la totalidad. Uno se olvida de Platón, desaparece Freud, y se esfuman todas las divisiones –porque eran superficiales– y en lo más profundo de ti mismo se va afirmando tu unidad.

Al correr con el viento de cara a primera hora de la mañana, cuando todo está fresco, cuando la existencia empieza a disfrutar de una nueva alegría, cuando se empieza a bañar en el deleite de un nuevo día –y todo es joven y fresco–, el pasado desaparece. Todo empieza a salir del profundo descanso de la noche, todo es inocente, primitivo, y de repente desaparece incluso el corredor. Sólo está el correr. No hay ningún cuerpo que corra, sólo el correr. Y poco a poco ves que surge la danza con el viento, con el cielo, con los tiernos rayos del sol, con los árboles, con la tierra. Estás bailando. Empiezas a sentir el pulso del universo. Eso es sexual. Nadar en el río es sexual. Copular no es lo único que hay sexual; cualquier cosa con la que palpita completamente tu cuerpo, sin inhibiciones, es sexual.

Así que cuando utilizo la palabra "sexual", hago referencia a esta experiencia de totalidad. La genitalidad sólo es una de las funciones de la sexualidad. Se ha convertido en demasiado importante porque hemos olvidado la función completa de la sexualidad. De hecho, vuestros denominados *mahatmas* os han convertido en muy, pero que muy genitales. Toda la culpa la tienen vuestros santos y *mahatmas*, ellos son los culpables, los criminales. Nunca os han hablado de qué es la auténtica sexualidad.

Poco a poco, la sexualidad se ha ido confinando a los genitales; se ha convertido en algo localizado, dejando de ser

> Poco a poco, la sexualidad se ha ido confinando a los genitales; se ha convertido en algo localizado, dejando de ser total. La genitalidad localizada es horrible, porque lo máximo que puede proporcionarte es un alivio.

total. La genitalidad localizada es horrible, porque lo máximo que puede proporcionarte es un alivio; nunca podrá darte un orgasmo. Eyacular no es tener un orgasmo, las eyaculaciones no son orgásmicas, y los orgasmos no son una experiencia cumbre. La eyaculación es genital, el orgasmo es sexual y una experiencia cumbre es espiritual.

Cuando se confina la sexualidad a los genitales sólo puedes obtener alivio; sólo pierdes energía, pero no ganas nada. Es algo estúpido. Es como el alivio que proporciona un buen estornudo, pero nada más. Carece de orgasmo porque no palpita todo el cuerpo. No estás en una danza, no participas con tu todo, no es sagrado. Es muy parcial, y lo parcial nunca puede ser orgásmico porque el orgasmo sólo es posible cuando está implicado todo el organismo.

Cuando palpitas del dedo meñique del pie a las puntas de los pelos de la cabeza, cuando palpitan todas las fibras de tu ser –cuando bailan todas las células de tu cuerpo, cuando en tu interior hay un gran orquesta, y cuando todo baila–, entonces hay orgasmo. Pero todo orgasmo no es una experiencia cumbre. Cuando palpitas interiormente de manera total, eso sí es un orgasmo. Cuando tu totalidad participa con la totalidad de la existencia, entonces se trata de una experiencia cumbre. Y la gente se ha decidido por la eyaculación, han olvidado el orgasmo y se han olvidado por completo de la experiencia cumbre. No saben qué es.

Y como no pueden alcanzar lo más elevado, se confinan a lo inferior. Cuando se puede alcanzar lo más elevado, cuando puedes lograr lo mejor, lo inferior empieza a desaparecer por sí mismo, de manera natural. Si me entendieses... el sexo se transforma, pero no la sexualidad. Te harás *más* sexual. Al ir desapareciendo el sexo te vas haciendo más sexual. ¿Dónde va a parar el sexo? Se convierte en tu sexualidad. Te convertirás en más sensual. Vivirás con más intensidad, con más ardor; vivirás como una gran ola. Las olitas desaparecerán. Te convertirás en una tormenta, en un enorme viento que sacudirá los árboles y las montañas. Será como una marea, como una inundación. Tu vela arderá por ambos extremos a la vez, de manera simultánea.

Y en ese momento –aunque sólo puedas vivirlo durante un momento, será más que suficiente– probarás la eternidad.

La división ha persistido en las mentes de filósofos, pedagogos, políticos y *pundits* desde los tiempos de Platón hasta Freud. Esa división se ha convertido ahora en algo casi real. No piensas en tus genitales como si fueses tú, ¿verdad que no? Empiezas a pensar como si se tratase de algo que te pertenece, pero de lo que estás separado. Hay gente que incluso le pone nombre a sus genitales. Entonces la separación ya es completa. Los utilizan como instrumentos. Uno no es los genitales, sino que los usa; la división es entonces completa e irremediable.

Siempre piensas en ti mismo como si fueses la cabeza, considerando el resto del cuerpo como algo separado. ¿Alguna vez has pensado en ti mismo siendo los pies, las manos, la espalda, o la sangre que circula por tu interior? No. Tu identidad permanece en la cabeza; la cabeza es el rey. ¿Y quién quiere identificarse con el esclavo, con el sirviente... o tan siquiera con la reina?

La teología ha evolucionado partiendo de esta división, recuérdalo. Primero es la cabeza, luego el corazón y en tercer lugar están los genitales. Dios sólo tiene la primera; lo segundo y tercero no existen. Dios no tiene emociones ni sexualidad. Ésa es la definición de Dios de casi todas las religiones, excepto en el zen.

También está el santo. El santo cuenta con lo primero y lo segundo, pero no con lo tercero. Tiene razón, intelecto, intelectualidad, emociones, y corazón, pero no sexualidad.

A continuación viene el ser humano normal y corriente. Tiene las tres cosas, primera, segunda y tercera.

Luego está el pecador. Carece de la primera –de inteligencia, intelecto, razón o cabeza–, y sólo cuenta con la segunda y tercera: emociones y sexualidad.

Y en último lugar está el diablo, que sólo tiene la tercera. Las dos primeras están ausentes: no hay razón ni emoción, sólo sexualidad. Por ello, en Oriente, y sobre todo en la India, el nombre del diablo es Kama Deva, el dios del sexo. Totalmente acertado.

Así que ésta es la división teológica: Dios, sólo cabeza; demonio, sólo sexo. El pecador se acerca más al demonio y tiende a ir al infierno; el santo está más cerca de Dios y se halla destinado al cielo. Y entre ambos está el pobre hombre, que cuenta con las tres cosas, y que claro está, sufre más conflictos que los otros tres. Cuando tienes las tres cosas, también tienes más conflictos.

Pero ése no es un concepto zen. Es cristiano, musulmán, hinduista, pero no zen. El zen cuenta con una comprensión radical de la vida, una comprensión fresca. El zen dice que Dios es el todo, por lo que Dios tiene las tres cosas, pero carece de conflicto. Las tres mantienen una profunda armonía entre sí, bailando juntas. No se pelean, sino que se abrazan. Y eso es trascendencia. Como no hay conflicto, hay trascendencia. En Dios el sexo se torna sensualidad. Dios es sensual. El sexo cobra vida, se convierte en divertido, alegre, en un juego. Las emociones se tornan sensibilidad, compasión y amor. Y la razón se convierte en comprensión, conciencia y meditación.

Se trata de una perspectiva del todo distinta. No se niega ni excluye nada. El zen lo abarca todo. Nunca dice no a nada; lo acepta todo y lo transforma en una realidad más elevada. Es muy sinérgico. El zen es una plenitud sinérgica. Todas las energías deben reunirse y con-

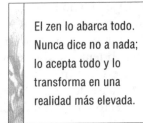

El zen lo abarca todo. Nunca dice no a nada; lo acepta todo y lo transforma en una realidad más elevada.

vertirse en una. Nada debe negarse, porque si niegas algo serás ese algo menos rico.

Piensa en un dios –en el dios cristiano– que no tiene sexo, ni emociones. ¿Qué clase de dios puede ser? Al tener sólo intelecto sería un poco rígido. ¡Para eso podrías venerar a un ordenador! Un ordenador, eso es lo que es el dios cristiano; sólo la cabeza. Un ordenador es una cabeza magnificada, y tarde o temprano haremos ordenadores mayores y mejores. Un día acabaremos construyendo el ordenador perfecto. Será exactamente lo que se ha propuesto que sea ese dios, sólo la cabeza. El ordenador carece de sensualidad, de sexualidad y de emociones. El ordenador no llorará si alguien muere, el ordenador tampoco reirá, ni lo celebrará si alguien nace, y el ordenador no se enamorará. ¡El ordenador no es tan tonto! Un ordenador es sólo cabeza, pura cabeza. Imagínatelo... Te han sacado la cabeza fuera del cuerpo, fuera de tu totalidad, que ahora palpita en un sitio mecánico, alimentado por máquinas. Y lo único que tienes que hacer es pensar, y pensar y nada más que pensar. Eso es lo que ha estado haciendo Dios.

Pero no según el zen. El universo, la totalidad, es tan rica que lo incluye todo. La diferencia entre Dios y el ser humano no es que Dios tenga una cosa y el ser humano tres; la diferencia es que el ser humano tiene tres que se pelean y Dios tiene tres en armonía. Ésa es la única diferencia. Que no sabes cómo armonizarlas. El día que lo sepas serás un dios.

Cuentas con todo lo que básicamente se requiere para ser un dios. Es casi como dicen los sufíes: tienes la harina, el agua, la sal y el aceite, y el fuego está encendido y estás ahí sentado, hambriento, y sin saber cómo hacer pan. El hambre no desaparecerá a menos que hagas pan. ¿Qué es el pan? Está hecho a base de agua, harina, aceite, sal y también cuenta con el elemento fuego. Así puedes digerirlo.

> Cuentas con todo lo que necesitas para ser un dios y tienes hambre. Dispones de todo lo necesario, no te falta nada, pero no sabes cómo convertirlo en una plenitud sinérgica.

Lo mismo te ocurre a ti. Cuentas con todo lo que necesitas para ser un dios y tienes hambre. Dispones de todo lo necesario, no te falta nada, pero no sabes cómo convertirlo en una plenitud sinérgica.

Para el zen, espiritualidad significa totalidad; para el zen, sagrado significa totalidad. Incluye y transforma todo; todo debe ser incluido y trascendido. Cuando se incluye todo surge un equilibrio. Y eso significa exactamente que las cosas son iguales. El sexo no es la sirvienta, ni el corazón la reina, ni la razón o la cabeza el rey. Todos son iguales. Permite que te lo repita. A menos que pienses en términos de igualdad, nunca alcanzarás el equilibrio. Todas las partes son iguales. Ninguna de ellas es el amo y señor, ni la criada.

Ésa es la revolución zen: todas las partes son amos y señores y criadas. Hay momentos en que el sexo se sienta en el trono, y hay otros en los que las emociones ocupan ese lugar, y aun otros en los que la razón está entronizada, pero ninguno de ellos lo está de manera permanente, sino que tiene lugar una rotación. Eres una rueda en rotación, y esas tres partes son los radios. A veces uno de los radios aparece arriba y otras veces abajo, pero los tres sostienen la rueda. Ése debe ser el significado de la trinidad cristiana, y el de la *trimurti* hinduista, los tres rostros de Dios; un Dios detrás de todo, con tres rostros. Ninguno es el rey, ni la reina, ni la sirvienta; todos son señores y sirvientes. Eso significa que nadie es amo y nadie sirviente, sino que son juntos; se sostienen entre sí, viven entre sí, y entre ellos existe una gran amistad.

Entabla amistad con tus tres elementos. No te identifiques sólo con uno, o empezarás a quererlo instaurar en el trono para siempre. Entabla amistad con los tres, respeta a los tres y recuerda que eres los tres, y que no obstante estás en el centro de todos ellos.

Imagina un triángulo: uno de los ángulos es la sexualidad, otro es la emocionalidad, y el restante es la intelectualidad. Y en el interior del triángulo está el centro de conciencia: tú. Cuando los tres conducen a ti, a tu conciencia, a tu atención, eso es la meditación. A través de esa armonía, de esa plenitud, llegas a casa.

> Imagina un triángulo: uno de los ángulos es la sexualidad, otro es la emocionalidad, y el restante es la intelectualidad. Y en el interior del triángulo está el centro de conciencia: tú.

Así que recuérdalo, no hay que excluir nada. La vida debe ser rica, equilibrada y trascendente; la vida debe ser una plenitud sinérgica. Todas tus partes deben ser colmadas. Y la única manera de conseguirlo es mantenerlas juntas y que se ayuden entre sí. Si van por separado permanecerán frustradas.

Y eso es lo que ha ocurrido: tu cabeza no está satisfecha, tu corazón no está satisfecho, tu sexo no está colmado. No eres más que una frustración de pies a cabeza, un descontento, un ansia, una sed. Vas tropezando en la oscuridad, buscando algo que te colme. Pero no hallarás nada a menos que en el interior surja la armonía.

Y ésos son los tres caminos a través de los que llegar. Unas cuantas personas entran a través del sexo: es decir, del camino del *tantra*. Otras entran por el camino de la devoción: es el sendero del corazón, de las emociones, *bhakti-yoga*. Quienes entran por el sexo siguen el *tantra-yoga*; quienes siguen las emociones lo hacen a través del *bhakti-yoga*, el sendero del devoto. Y aquellos que entran mediante el intelecto, la inteligencia, siguen el camino del conocimiento, *jnaña-yoga*. Ésos son los tres senderos, y todas las religiones del mundo están de alguna manera divididas en estos tres.

Por ejemplo, vedanta, jainismo y budismo siguen el camino de la cabeza; entran a través de la inteligencia, la comprensión, la atención. Siguen el camino de *jnaña*, del conocimiento. Hinduismo, cristianismo e islam siguen el camino de las emociones, *bhakti*. Entran por el corazón. El *tantra* sigue el camino del sexo, es el yoga del sexo. Ésas son las tres posibilidades.

Y el zen es una síntesis de todas ellas. El zen es *tantra*, devoción y conocimiento. El zen dice que pueden combinarse las tres, que no es necesario elegir. Uno puede no elegir y utilizarlas todas –toda la rueda, todo el triángulo– para ir hacia el interior. No existe un único medio ni un solo camino. Ninguna de las rutas es mejor que las otras. Sigue cualquier camino, permanece indiviso; sigue cualquier ruta, pero no te identifiques con la ruta. Permanece abierto a todos los demás caminos.

Recuerda siempre que uno puede entrar por los tres, así que no condenes a nadie. Si alguien sigue el camino del *tantra*, que de ti no salga condena alguna, porque esa condena sólo demostrará que estás condenando tu propia sexualidad, y nada más. Si alguien sigue el camino de la devoción, no le condenes, porque esa condena sólo querrá decir una cosa: que estás negando la influencia de tu propio corazón. Y eso se convertirá en un obstáculo, te bloqueará.

Ahora contaré una anécdota preciosa. Es una de las más bellas. El zen cuenta con historias preciosas, pero ninguna comparable con ésta. Si tuviera que elegir una de entre todas las historias zen, elegiría ésta. Me gusta muchísimo desde hace muchos años.

Érase una vez que había un hombre sobre una elevada montaña.

Estas historias son metafóricas. Intenta penetrar las metáforas. Un hombre sobre una elevada montaña significa un hombre que ha llegado. La montaña es la montaña de la vida y la existencia. Un hombre de pie sobre una elevada montaña significa uno que observa las montañas, que puede mirar a su alrededor; todos los valles y caminos que conducen a lo alto de la montaña están ahora frente a él. Desde ahí todo es posible; la visión es total, puede verse en todas direcciones. Cuando estás en el valle no dispones de una visión tan amplia. Cuando recorres el camino, no puedes ver la totalidad de tu sendero. No puedes ver a otros desplazándose por otros senderos, claro. Te hallas confinado en un espacio muy estrecho. Cuanto más subes, más espacio tienes.

Cuando alcanzas la montaña más elevada, cuando subes el Everest, cuando estás allí, tienes a tu disposición todo el Hi-

> Cuando recorres el camino, no puedes ver la totalidad de tu sendero. No puedes ver a otros desplazándose por otros senderos, claro. Te hallas confinado en un espacio muy estrecho. Cuanto más subes, más espacio tienes.

malaya. No sólo puedes ver el sendero por el que viajaste, sino que ahora ves todos los senderos, todos los caminos posibles que ascienden hasta la cumbre. Ahora puedes incluso ver aquellos que te eran hostiles, o con los que te mostrabas antagónico. Ahora los ves, moviéndose, ascendiendo hacia el mismo pico. Ahora puedes ver, porque la visión desde tal altura es total. Ahora desaparecen todas las distinciones, se descartan todas las filosofías, todas las identificaciones carecen de sentido. Un hombre es libre porque su visión es completa.

Érase una vez que había un hombre sobre una elevada montaña.

Esta montaña es de vigilancia, de meditación, es la montaña de la meditación.

Tres viajeros, que pasaban a lo lejos, se fijaron en él...

Son los tres viajeros de los que he hablado, las tres divisiones del ser humano.

Tres viajeros, que pasaban a lo lejos, se fijaron en él...

Claro está, se hallan todavía muy lejos de la cima, y por ello surge la discusión. La distancia es tan grande que ellos sólo pueden imaginar, inferir.

Tres viajeros, que pasaban a lo lejos, se fijaron en él y empezaron a discutir sobre él.

Sí, muchos de vosotros habéis visto a un Buda en alguna ocasión y también muchos habéis visto a un Cristo; también muchos os habéis cruzado con un Mahavira o un Zaratustra, y habéis discutido mucho sobre ellos. Pero la distancia era grande. Cuando digo distancia no me refiero a la distancia física, pues puede que no existiese ninguna.

Cuando el Buda fue a hablar con su padre se hallaban de pie uno frente al otro, sin distancia que los separase, pero existía una distancia infinita. El Buda decía una cosa y su padre decía otra. El padre no le hablaba al Buda, sino a su hijo, que ya no estaba presente. Le hablaba al pasado, que había desaparecido. El hijo había abandonado el palacio y había muerto, del todo; en él había nacido una nueva conciencia, se trataba de una resurrección. Pero no podía verlo, estaba demasiado obnubilado con el pasado, con su propia rabia, obnubilado porque este chico le había engañado en su vejez.

El Buda era hijo único, y había nacido en la vejez de su padre. Por ello el padre sentía hacia él mucho apego. El Buda sería su heredero, recibiría todo el reino paterno. Y su padre envejecía y estaba preocupado. Su hijo se había convertido en un mendigo... y estaba enfadado, claro, natural. El hijo se presenta, pero no sólo se presenta, sino que intenta convencer al padre de que debería hacer lo mismo, de que debería seguirle. Ya podéis imaginaros lo enfadado y molesto que debe haberse sentido. Gritaba y decía que el Buda le había traicionado.

Y el Buda le dijo:

—¿A quién le habláis, señor? El hombre que era vuestro hijo ya no está. Miradme. ¿Quién está frente a vos? No soy el mismo hombre. Hay algo fundamental que ha cambiado. Se trata de otra persona, señor.

El padre se rió y dijo:

—¿Intentas tomarme el pelo? ¿De qué estás hablando? ¿Es que te has vuelto loco? ¿Crees que lo estoy yo? Tú eres mi hijo, el mismo hijo que se marchó. Reconozco tu rostro. Mi sangre corre por tus venas. Te conozco. Te conozco desde el primer día. ¿Cómo podría olvidarlo? ¿Cómo podría estar equivocado?

Y así siguió el malentendido. El Buda sonrió y dijo:

–Escuchadme, señor. Sí, habéis dado la vida a un hijo y puede que por su interior siga fluyendo la misma sangre, pero la conciencia es distinta. Yo hablo de conciencia, hablo de mí, de mi centro. Es totalmente distinto. Solía estar a oscuras, y ahora hay luz. Escuchadme... os ha llegado la vejez, me doy cuenta. Tembláis y no podéis manteneros bien en pie. Tarde o temprano llegará la muerte. Pero antes de que llegue la muerte, meditad. Antes de que la muerte llame a vuestra puerta, intentad saber quién sois.

El diálogo continúa... y la distancia entre ambos es tremenda. Cuando digo "distancia" no quiero decir distancia física. Sí, os habéis cruzado con un Buda, un Cristo, un Ramana Maharshi o un Ramakrishna, sí, lo habéis hecho, y los habéis observado muy de cerca, pero seguís discutiendo sobre ellos. Están ahí, de pie, a mucha distancia, sobre una lejana montaña, y todo lo que digáis es irrelevante porque sólo son conjeturas.

Tres viajeros, que pasaban a lo lejos, se fijaron en él y empezaron a discutir sobre él.

> No hay manera de ver la subjetividad ajena como un objeto; no es algo que pueda hacer la mente objetiva.
> Se trata de un fenómeno interior, tan interior, que no puede verse desde el exterior.

Eso es todo lo que hacemos acerca de los budas, discutir, en contra o a favor. Y todo lo que decimos de ellos son tonterías. No importa si alabamos o condenamos. Todas vuestras alabanzas carecen de sentido, al igual que las condenas, porque no podéis ver qué le ha sucedido a un Buda. Para verlo, hay que convertirse en uno.

No hay manera de ver la subjetividad ajena como un objeto; no es algo que pueda hacer la mente objetiva. Se trata de un fenómeno interior, tan interior, que no puede verse desde el exterior. Hay que penetrar en ello, hay que ser ello. Así que discutieron y discutieron.

Uno dijo:
–Probablemente ha perdido a su animal favorito.

Ésa es la razón, siempre hablando de posesiones: de la casa, el coche, el animal, la granja, la fábrica, de dinero, de poder y prestigio. Ésa es la razón. La razón es una acaparadora, una miserable. Siempre piensa en términos de poseer, de tener.

Ésta es una historia simbólica, una metáfora. El primer hombre dice:

–Probablemente ha perdido a su animal favorito.

La razón no puede pensar en nada más. Si observas a un meditador, sentado en silencio, y tú eres una persona confinada en tu razón, ¿qué creerás que está haciendo? Pensarás que tal vez esté pensando en una nueva fábrica o en cómo ganar las elecciones, o en cómo conseguir que aumente su cuenta en el banco. Sólo podrás pensar en eso. En eso es en lo que *tú* piensas.

¿En qué pensarás si te sientas tranquilamente? Pues lo mismo inferirás que hacen otros. No hay otra manera. Permaneces confinado en tu mundo. Y cuando dices algo acerca de algo, en realidad lo dices sobre ti.

¿En qué pensarás si te sientas tranquilamente? Pues lo mismo inferirás que hacen otros. No hay otra manera. Permaneces confinado en tu mundo. Y cuando dices algo acerca de algo, en realidad lo dices sobre ti.

Ese hombre está diciendo: «Probablemente ha perdido a su animal favorito». Si ese hombre hubiera estado allí en la montaña, podría haber sido el caso de que hubiera perdido su vaca y estuviese en lo alto de la montaña tratando de saber dónde estaba. Tal vez se le hubiese perdido la vaca. Y para encontrarla habría subido a la montaña, pero sólo por esa razón. Incluso cuando se halla en la cumbre del Everest lo único que hace es buscar una vaca perdida, no a Dios, recuérdalo.

Cuando Edmund Hillary alcanzó la cima del Everest no iba en busca de Dios, desde luego. Qué situación la suya, en una tierra virgen, en la que nadie había penetrado todavía... y él fue el primer hombre. Una cualidad virginal así es difícil de hallar ya en la tierra. Debería haberse puesto a meditar. Pero ¿qué es lo que hizo? ¿Lo sabéis? Plantó unas banderas. Qué mente tan estúpida. Alcanzar tal altitud, en un espacio virgen en el que nadie había entrado nunca, donde nunca habían llegado las ondas mentales de nadie, un espacio no afectado por la mente... podría convertirse en una situación de *satori*. Pero Edmund Hillary plantó banderas, y seguro que pensó: «Ahora soy el primer hombre, el primero en la historia que ha llegado aquí. Ahora seguro que entraré en los libros de historia. Lo he conseguido».

Se trata de una mente egoísta. ¿En qué otra cosa podría pensar? Seguro que fantaseó acerca de que su nombre iba a recorrer todo el mundo en la primera página de todos los periódicos. Eso es lo que andaba buscando, y nada más. Mira que perder una situación tan valiosa, para nada.

Ese hombre dice: «Probablemente ha perdido a su animal favorito», y está diciendo algo sobre sí mismo. Si él hubiera estado ahí, sólo habría estado buscando un animal. Sólo por ese motivo habría subido tan alto.

Hay mucha gente que llega y me pregunta: «¿Si meditamos será beneficioso para el mundo?». Aunque vengan a meditar preguntan si será beneficioso, de provecho para el mundo. «Estoy atravesando dificultades económicas –me cuentan otros–. ¿Si medito me ayudará a encontrar una salida?». Aunque vayas hasta la cima de una montaña te llevarás contigo tu afición al dinero. Eso es la razón, la cabeza. La cabeza es la cosa más tonta de todo tu ser, porque se preocupa de tonterías. Nada de lo que te pasa por la cabeza tiene valor alguno. Es una cacharrería.

–No, lo más seguro es que ande buscando a un amigo –terció otro.

Éste es el hombre del corazón; ésta es la metáfora del corazón. Dice: «No, no está ahí por una propiedad, sino buscando a un amigo». Ésa es una tendencia hacia el corazón, amor, amistad, compasión. Tal vez se haya perdido un amigo. Ese hombre está mostrando algo sobre él. Ése es el corazón que piensa. El corazón tiene más compasión que la cabeza; la cabeza es muy dura. La cabeza es agresión, la cabeza es un violador. Y nos han formado para ser violadores porque sólo nos han formado en la cabeza: ambición, ego, agresión. Todos nuestros sistemas educativos nos preparan para violar: cómo violar la naturaleza, cómo violar a los demás, cómo violar a todo el mundo, cómo ser agresivo y cómo demostrar que eres Alejandro Magno, Adolf Hitler o algún otro estúpido. Todo lo que enseña la educación es ambición, y la ambición es violación. Por eso digo que la cabeza es un violador.

El corazón tiene más compasión, más poesía, es más metafórico, cuenta con un poco de amor y amistad. El segundo hombre dice: «No, lo más seguro es que ande buscando a un amigo». Un amigo se ha perdido. El hombre está diciendo algo acerca de sí mismo: «Si tuviera que subir a esa montaña, no lo haría en busca de ninguna propiedad. Si tuviera que llegar a ese extremo, si tuviera que pasar por ello, sólo lo haría por un amigo. Sí, podría hacer todo eso, pero sólo por un amigo, sólo por amor».

–Está ahí arriba para disfrutar del aire puro –dijo el tercero.

Eso es la sexualidad. La sexualidad es alegría, diversión. Intenta comprender. Has convertido tu sexualidad también en trabajo. La gente hace el amor como si estuviesen cumpliendo un deber. Hay *mahatmas* –Mahatma Gandhi, por ejemplo–, que dicen que hagas el amor sólo cuando quieras procrear. Ésa es la cabeza tratando de dominar el sexo. Así que sólo haz el amor cuando quieras procrear. Como si la sexualidad no tuviese otra función, cómo si sólo fuese una fábrica. Cuando quieras procrear vale, dedícate a ello obedientemente, hazlo hábilmente y acaba con ello.

Para Mahatma Gandhi y otra gente como él, hacer el amor sólo por diversión es un pecado; lo llaman pecado. Para gente así –masoquistas–, para gente así, cualquier cosa que huela a alegría es un pecado. No hagas nada por alegría, hazlo con algún propósito. Esa gente son negociantes. Mahatma Gandhi provenía de una familia de negociantes; era un *vaishya*, un comerciante. Y siguió siendo comerciante hasta el fin de sus días, muy calculador e inteligente. Pero todo debía tener un propósito, incluso el sexo. No puedes amar a tu mujer o a tu hombre sólo porque te proporciona alegría, sólo porque haya luna llena, o porque la playa sea hermosa, o porque el mar ruge de manera tremenda, o sólo porque llueva de forma maravillosa, o porque quieras celebrar tus energías. No. Gandhi diría que no, que sería un pecado. Hasta, y a menos, que sea con un cierto propósito –para procrear– no hagas el amor.

Pero en realidad, la función básica de la sexualidad es divertirse, auténtica alegría. Es diversión, no es un negocio ni un trabajo. Es puro juego, es jugar. Es ser feliz con tu energía, compartir, es una celebración.

Así que el tercero dice: «Está ahí arriba para disfrutar del aire puro». Para el primero eso es una solemne tontería. ¿Para disfrutar del aire puro? La gente como Mahatma Gandhi ni siquiera da un paseo por la alegría de darlo, sino por cuestiones de salud. Ésa es la mente orientada hacia los negocios, que lo inunda todo: y entonces dice que va por cuestiones de salud.

Recuerda que eso son cosas muy nimias. No te conformes con tales cosas. La salud es un subproducto. Si vas a dar un paseo para disfrutar del aire puro, la salud ocurrirá, por así decirlo; no es necesario preocuparse por ello, ni convertirlo en un objetivo. Disfruta del aire puro, disfruta del sol, del cielo, disfruta de correr, y la salud tendrá lugar como un producto colateral. No necesitas buscarla. Si la buscas adrede lo acabarás fastidiando. Entonces se convertirá en un trabajo, *tendrás* que hacerlo, y no lo disfrutarás.

> No necesitas buscar la salud. Si la buscas adrede lo acabarás fastidiando. Entonces se convertirá en un trabajo, *tendrás* que hacerlo, y no lo disfrutarás.

Y recuerda que nadie disfruta haciendo ejercicio. ¡Nunca hagas ningún tipo de ejercicio! Disfrútalo, pero no lo hagas como ejercicio. La propia palabra resulta sucia. ¿Ejercicio? Baila, canta, corre, nada, pero no hagas "ejercicio". El ejercicio viene de la cabeza. El baile viene del centro sexual, que es el más primordial de los que tienes. Tu propia base se asienta ahí.

La cabeza es una recién llegada. El corazón llegó antes; y antes de que éste lo hiciese, ahí estaba el sexo. Naciste en la sexualidad. Tu padre y tu madre hacían el amor cuando te concibieron. Tu primer movimiento en el mundo fue a través del sexo, y el último también será por él. Cuando finalice la energía sexual que te concedieron tus padres, morirás. Podrás utilizarla durante setenta años, es tu fuerza motriz. Pero se irá disipando poco a poco, hasta que un día acabe desapareciendo, y entonces morirás, volverás a desaparecer. Tendrás que esperar a que alguien vuelva a hacer el amor para así meterte en algún otro vientre. Llegas al mundo a través del amor. El amor es la puerta por la que accedemos a la existencia y por la que salimos. El sexo es lo primero que llega; la cabeza llega bastante más tarde. El sexo sigue siendo nuestro "sótano", y la cabeza es como un "ático".

–Está ahí arriba para disfrutar del aire puro –dijo el tercero.
Los tres viajeros no pudieron ponerse de acuerdo y continuaron discutiendo...

Nunca se pusieron de acuerdo, no podían.

... y continuaron discutiendo hasta el momento en que llegaron a lo alto de la montaña.

La discusión sólo se detiene al llegar a lo alto de la montaña, nunca antes. Porque sólo cuando empiezas a ver la realidad tal cual es se deja de discutir, si no, las conjeturas continúan. Cuanta más distancia exista entre ti y la realidad, más discusión, más teorías filosóficas. Cuanta menos distancia, menos discusión. Cuando estás cara a cara, cuando llegas, la discusión cesa. Cuando llegaron junto al hombre que se hallaba allí, dejaron de discutir.

> Cuanta más distancia exista entre ti y la realidad, más discusión, más teorías filosóficas existen. Cuanta menos distancia, menos discusión.

Uno de ellos preguntó:
—Amigo que estás encima de esta montaña, ¿has perdido a tu animal favorito?
—No, señor, no lo he perdido.

La discusión se detuvo, pero la costumbre seguía ahí. Ahora ya no discutían; no tenía sentido porque podían preguntar directamente, así que ¿qué sentido tenía seguir discutiendo? Si se puede ver directamente, no tiene sentido continuar discutiendo y conjeturando.

Pero los viejos hábitos continúan vivos. En lugar de preguntarle qué está haciendo, el primer hombre preguntó: «Amigo que estás encima de esta montaña, ¿has perdido a tu animal favorito?». El viejo hábito persiste hasta el final. Incluso cuando no tiene sentido, cuando puedes preguntarle directamente qué está haciendo, la mente no quiere llegar de manera directa a la realidad, y utiliza medios indirectos, los viejos hábitos. Tiene sus propias formas y formalidades. El hombre está tratando de demostrar que tiene razón.

Recuerda: incluso cuando estés frente a Dios, seguirás intentándolo: «Mi cristianismo es correcto, mi hinduismo es correcto, mi islam es correcto». También le preguntarás a Dios: «¿Verdad, Señor, que sois un Dios cristiano?». Seguirás cargando con tus Evangelios e intentarás que Dios acabe diciendo: «Sí, soy el Dios de los Evangelios». Y el hinduista preguntará: «Señor, ahora estoy frente a ti. ¿No es cierto que eres tú quien escribió los Vedas, que tú eres el auténtico Dios de los hinduistas?», y así, sin parar...

Uno de ellos preguntó:
—Amigo que estás encima de esta montaña, ¿has perdido a tu animal favorito?
—No, señor, no lo he perdido.

Cuando no haces una pregunta directa de manera natural, obtienes una respuesta negativa, recuérdalo. La gente zen insiste mucho en ser directo. Si preguntas directamente, recibes una experiencia positiva; si preguntas de manera indirecta, recibes naturalmente una respuesta negativa, una respuesta que es relevante. Porque no has preguntado: «¿Qué estás haciendo?», sino: «¿Has perdido a tu animal favorito?». Y claro, el hombre dice: «No, señor, no lo he perdido».

Nunca le hagas a la realidad una pregunta indirecta, y nunca preguntes a la realidad con algún prejuicio; si lo haces recibirás un "no" por respuesta. Pregunta directamente. Desecha la mente, todos tus prejuicios, presuposiciones, filosofías, y pregunta de manera directa. Eso es lo que quiere decir el zen con lo de mirar directamente en la naturaleza de la cosas.

El segundo también preguntó:
—¿Has perdido algún amigo?
—No, señor, tampoco he perdido amigo alguno.

El segundo no aprendió nada del primero, y recibió una respuesta negativa. Somos tan tontos que no acabamos de aprender. Persistimos en nuestros hábitos. Porque este segundo debería haber aprendido a no hacer una pregunta indirecta, pero la hizo. El cristiano ha fracasado, y llega el hinduista y fracasará, y el musulmán también, igual que el jainista. Y todos ellos repetirán el mismo error.

—No, señor, tampoco he perdido amigo alguno.
El tercero aventuró:
—¿Estás aquí sólo para disfrutar del aire puro?

El tercero, en vez de haber aprendido algo de los dos primeros, cree tener más posibilidades, claro, natural; ahora que a los otros dos les han dado una negativa, él está más cerca de tener razón. ¿Qué más posibilidades podrían existir? Sólo hay tres: la razón ha fracasado, la emoción ha fracasado. Así que sólo hay una más: que el sexo tenga razón. El sendero del conocimiento ha fracasado, el de la devoción también, y ahora sólo queda uno: el *tantra*, que deberá alzarse victorioso.

El tercer hombre debía sentirse muy esperanzado, casi confirmado. ¿Qué otra cosa podría decir aquel hombre en lo alto de la montaña? Tendría que admitirlo.

Pero uno nunca conoce la realidad. La realidad es tan vasta que nunca está confinada a un solo camino, ni en una frase. La realidad es tan total que ningún camino puede proclamarla suya por completo. El tercer hombre no aprendió que dos partes, que eran más inteligentes, habían fracasado. La razón, la más inteligente de las tres, que no ha hecho más que pensar y pensar durante siglos, creando nuevas filosofías, ha fracasado. Y el corazón, que es más elevado que el sexo, más cercano a la cabeza que el sexo, justo entre ambos, ha fracasado.

> La realidad es tan vasta que nunca está confinada en un solo camino, ni en una frase. La realidad es tan total que ningún camino puede proclamarla suya por completo.

Y claro, cuando estás entre ambos tienes más comprensión porque estás en el medio, en el camino del medio. Puedes mirar a ambos lados, no eres un extremista. Puedes ver la cabeza y puedes ver el sexo porque estás justo en el medio.

La cabeza no puede ver al sexo; el corazón está entre ambos. Pero el corazón sí puede ver ambos caminos, de manera que tiene más posibilidades de ser más sabio que la cabeza. La cabeza es más conocedora, pero el corazón es más sabio. Y no obstante, incluso el más sabio ha fracasado. Y el sexo, que no tiene inteligencia, que carece de la posibilidad de ser sabio, de ser tan sabio como el corazón... No obstante, a veces sucede que donde los ángeles temen adentrarse, los locos entran de cabeza.

El tercero aventuró:
—¿Estás aquí sólo para disfrutar del aire puro?
—No, señor.
—¿Entonces qué estás haciendo aquí, ya que has respondido negativamente a todas nuestras preguntas?

Se lo debieron de preguntar todos a la vez. Ésa debió haber sido la primera pregunta, en lugar de la última.

El hombre de la montaña respondió:
—Simplemente estoy aquí.

«Sólo soy. No estoy haciendo nada —les dijo el hombre—. Soy el centro del triángulo.» Sólo ser. Eso es meditación. No hacer nada de nada —ni pensar, ni sentir, si ser sexual; ni en el cuerpo, ni en el corazón, ni en la cabeza—, no estar confinado en ningún sitio, sólo estar en el centro del triángulo.

El triángulo es la trinidad, los tres rostros de Dios, y en el centro está el propio Dios. Dios no hace nada, Dios es sólo ser. *Ser* es ser en meditación. Y cuando se llega a este centro, los tres viajeros poco a poco empiezan a hacer preguntas directas.

La historia acaba porque *realmente* finaliza ahí, no puede continuar. Los tres debieron de quedarse mudos. No podían concebir tal posibilidad. Ésa era la cuarta posibilidad —los hinduistas la llaman *turiya*, el cuarto—, que no puede ser concebida por la razón, el corazón o el sexo. No puede concebirse. Puede vivirse, pero no concebirse. No hay manera de verla desde ningún ángulo. Cuando se abandonan todos los ángulos, cuando se está total-mente desnudo, carente de todo prejuicio, sin ninguna vestimenta, cuando se está en completo silencio, entonces se ve.

Al escuchar este «Simplemente estoy aquí», los tres centros debieron de quedarse mudos. Ni siquiera podían haber soñado una respuesta tal. No hay animal, ni amigo, ni aire fresco, nada de todo eso... Debió ser una conmoción. Cuando llegas por primera vez a tu mundo meditativo, todos los centros se quedan

> Cuando llegas por primera vez a tu mundo meditativo, todos los centros se quedan mudos. La razón se aquieta, y no hay palabras que se agiten; el corazón se sosiega, y las emociones ya no te turban; el sexo se calma, y no surge más sexualidad.

mudos. La razón se aquieta, y no hay palabras que se agiten; el corazón se sosiega, y las emociones ya no te turban; el sexo se calma, y no surge más sexualidad. Al ver la realidad, todo se torna silencio.

Esa declaración: «Simplemente estoy aquí», es la definición de meditación. Una vez se ha llegado a este punto, uno se convierte en armonía interior. Es el primer paso, la parte yóguica, la parte "gurdjiéffica", la parte del esfuerzo, de la voluntad. Lo siguiente sucede por sí mismo, no es necesario hacer nada. Lo siguiente es un suceso, la primera cosa es una acción.

Debes viajar lo suficientemente lejos como para llegar a la montaña, y para estar allí por encima de todas las oscuridades del valle, por encima de todos los senderos, de todas las atalayas, religiones y filosofías; debes mantenerte por encima de todas ellas. Se trata de una tarea dura y ardua. Una vez se llega allí y estás simplemente allí, Dios sucede. En el momento adecuado, cuando tu estar allí se torna absolutamente inmóvil, entonces, de repente, eres penetrado por Dios. Desapare-

> Debes viajar lo suficientemente lejos como para llegar a la montaña, y para estar allí por encima de todas las oscuridades del valle, por encima de todos los senderos, de todas las atalayas, religiones y filosofías; debes mantenerte por encima de todas ellas.

ces, Dios desaparece, y existe unicidad.

Esa unicidad es *samadhi*, y ésa es la diferencia entre *satori* y *samadhi*. *Satori* es armonizarse interiormente, es el primer paso; *samadhi* es armonizarse con el todo, el último paso. En *satori,* desaparece tu conflicto; en *samadhi*, tú también desapareces.

Alcanza esta alegría que proviene de una carencia de conflicto interior, y alcanza esa beatitud que proviene de sintonizarse con el pálpito universal.

Cuando danzas con las estrellas, creces con los árboles, floreces con las plantas, cantas con los pájaros y ruges con el mar... y estás en la arena, y en todas partes, esparcido por todos los sitios. Estás en todas partes y aquí, ahora... es el único objetivo. Y ese objetivo tiene una belleza. Y su belleza es que se trata de una alegría generosa.

Si quieres tener más dinero, has de explotar a los demás. No puedes tener más dinero sin hacer que alguien sea más pobre en algún sitio. Si quieres tener más poder, se lo tendrás que arrancar a alguien. Todas las alegrías, excepto la meditación, son explotadoras. Estar enamorado de una mujer hermosa es explotador porque esa mujer hermosa no está al alcance de nadie más. La habrás poseído y habrás trazado una línea de demarcación, y ahora te pertenecerá a ti. Y si alguien empieza a enamorarse de ella, también empezará a sufrir, porque la mujer ya está comprometida.

Todas los gozos y alegrías son explotadores, excepto la meditación. Sólo la meditación es una alegría no explotadora, no competitiva. No le quitas nada a nadie, sólo creces en ti mismo. La iluminación no es algo que suceda desde fuera, sino algo que brota en ti, que florece en ti. Es un crecimiento, no un logro.

Por eso la iluminación no puede ser una egolatría. La meditación no es una egolatría. ¿Qué es la meditación? La meditación es estar en armonía interna y externa. La meditación es estar en armonía. La meditación es *ser la armonía*.

5. UN BUEN PUNTAPIÉ

Un monje llegó ante un maestro buscando ayuda para re-
solver una de las preguntas clásicas de la dialéctica zen:
«¿Qué sentido tiene la llegada de Bodhidharma desde el
oeste?».

El maestro sugirió que antes de proceder con el problema
el monje debía hacerle una postración.

Mientras el monje se postraba devotamente, el maestro le
propinó un buen puntapié.

La inesperada patada resolvió la turbia cuestión en la que
el monje se había visto sumergido durante algún tiempo.
Cuando sintió el pie del maestro, alcanzó la iluminación de
inmediato. Más tarde le decía a todo el mundo con quien se
cruzaba: «Desde que Mat-zu me propinó ese puntapié no he
podido dejar de reír».

Una antigua parábola...

Se trata de la historia de un hombre que se adentró en las
montañas a fin de hallar el final del mundo. Debió de ser un
gran filósofo, porque sólo los filósofos tienen ideas tan des-
cabelladas. No es necesario iniciar una gran búsqueda para
hallar el final del mundo, pues éste es hermoso tal cual es. No
es necesario iniciar la búsqueda del principio ni del final. El
medio es perfectamente hermoso, así que ¿por qué no disfru-

> Los filósofos nunca son felices aquí. El ahora no es su tiempo, y el aquí tampoco es su espacio. Viven por ahí, en algún otro lugar.

tarlo? Pero este hombre era un gran filósofo. No se sentía feliz. Los filósofos nunca son felices aquí. El ahora no es su tiempo, y el aquí tampoco es su espacio. Viven *por ahí*, en algún otro lugar.

Dejó a su familia –hijos, esposa, padres– y se embarcó en esta tonta y absurda búsqueda para encontrar el final del mundo. Atravesó muchas montañas y mares. Fue un viaje muy largo, claro –larguísimo–, y en muchas ocasiones pensó que había llegado. Siempre que empezaba a sentirse cansado pensaba que había llegado. Y cuando se sentía agotado, se engañaba a sí mismo. Pero tarde o temprano, después de un gran descanso, volvía a ver las cosas igual que antes y persistía en su empeño: todavía no había alcanzado el final, seguía en el medio. Como podía ver a lo lejos, el horizonte seguía allí, tan alejado como siempre. Así que iniciaba su viaje otra vez.

Una y otra vez descubría que siempre que creía haber llegado, en realidad se autoengañaba. Una vez conoció el engaño, el autoengaño, el periplo se hizo más arduo, porque a veces, cuando sentía que había llegado, en el fondo sabía que también en esa ocasión se trataba de un engaño. Y por ello debía continuar.

De camino pasó por muchos templos y vio a muchos maestros, a gente que había llegado, y a gente que creía haber llegado. Y todos decían y afirmaban que ése era el final del mundo, y le preguntaban que adónde iba él. Y los creía, y se quedaba con ellos un tiempo, pero tarde o temprano se acababa desilusionando. Esos maestros no habían llegado al mismísimo final. Y esos templos no eran más que símbolos del cansancio de los hombres, de las limitaciones, de las limitaciones humanas, de las limitaciones de la mente, la razón y los sentimientos. Pero el final no estaba ahí. Y por ello reiniciaba una y otra vez su peregrinaje.

Y se cuenta que al cabo de muchas, muchísimas vidas –al cabo de millones y millones de vidas– llegó finalmente a un lugar que parecía ser el final. Y en esta ocasión no se sintió cansado, ni tampoco agotado, y en esta ocasión no se autoengañaba. Además, no había templo ni maestro a la vista, se hallaba totalmente solo. Y de repente el horizonte había desaparecido. No había objetivo ulterior. No había ningún otro lugar al que ir, ni siquiera aunque hubiera deseado continuar. Había hallado vaciedad infinita.

Y claro está, allí estaba el cartel que rezaba: «Éste es el fin del mundo». Alguien que había estado allí antes lo había puesto por compasión hacia aquellos que pudieran llegar.

El hombre se hallaba en el mismísimo borde del mundo, en un gran acantilado más allá del cual no había sino caos, nada excepto inexistencia, una tremenda vacuidad, nada de nada. Y claro, se asustó mucho. No había pensado en ese caos, en que si llegas al final, o al principio, tanto da, llegarás al caos. No había pensado en ello; era algo totalmente inesperado. No había Dios, no había Buda, ni nirvana, ni paraíso... sólo caos, un caos absoluto, vaciedad. Imagínatelo, allí de pie, en el último acantilado, agitado y tembloroso como una hoja a merced de un fuerte viento.

No podía dar un paso más. Estaba tan asustado que regresó al mundo. Ni siquiera miró al otro lado del cartel. Al otro lado del cartel había otro mensaje. A este lado aparecía: «Éste es el final del mundo»; y al otro lado decía: «Éste es el principio del otro».

Pero se asustó tanto que se le pasó por alto que tal vez al otro lado del cartel había otro mensaje. Escapó, de inmediato. Ni siquiera volvió a mirar atrás. Regresó al mundo, y se perdió a sí mismo en asuntos mundanos, de manera que no

> Es imposible que en una u otra ocasión no os hayáis cruzado con esa vaciedad. Es imposible que no hayáis llegado al fin del mundo en algunos momentos.

pudiera recordar más, para que ese peligroso acantilado no se le apareciese en sueños.

Puede que tú seas esa persona. Así es como os veo a todos. Lleváis eras viviendo aquí, desde la eternidad. Es imposible que en una u otra ocasión no os hayáis cruzado con esa vaciedad. Es imposible que no hayáis llegado al fin del mundo en algunos momentos. Pero os habéis escapado. Daba tanto miedo... Un paso más y os habríais iluminado, con un único paso más que hubierais dado.

La enseñanza zen no trata más que de cómo dar ese paso, cómo saltar a la nada. Y esa nada es el nirvana, esa nada es lo que es Dios. Ese caos no es sólo caos, pues ése es sólo este lado del cartel. Pero al otro lado ese caos es una inmensa creatividad. Las estrellas han nacido únicamente de ese caos. Es en ese caos precisamente donde ha tenido lugar esa creación. El caos es un aspecto de la misma energía. El caos es creatividad potencial. La nada es el otro lado de la totalidad.

El zen es un solo paso... el periplo de un único paso. Puedes llamarlo el último paso o el primero, no importa. Es el primero y el último, alfa y omega. Toda la enseñanza zen consiste en una única cosa: cómo saltar a la nada, cómo llegar al final de tu mente, que es el final del mundo. Cómo permanecer de pie en ese acantilado frente al abismo y no asustarse, cómo reunir coraje y dar el último salto. Es la muerte. Es suicidarse. Pero el crecimiento espiritual sólo puede surgir del suicidio, y sólo hay resurrección siendo crucificado.

Si se comprende bien, entonces el símbolo cristiano de la cruz, tiene un enorme significado. Jesús está en la cruz, y ese es el acantilado. En el último instante él también se asusta, como el hombre de nuestra historia. En el último momento mira hacia el cielo y dice: «¿Por qué todo esto? ¿Por qué me has abandonado?». Un temblor humano, una gran angustia frente a la muerte, frente a la aniquilación. Pero reúne valor. Comprende qué es lo que va a hacer. Intentaba escapar al mundo, trataba de escaparse de nuevo a la mente. Su mente empezó a funcionar: «¿Por qué todo esto?». Es una queja contra Dios. «¿Por qué me has abandonado?». Parece que hay algo que no encaja en las expectativas de Jesús.

Y lo comprendió. Era un hombre de una tremenda inteligencia. Lo observó. Debió reírse ante su estupidez. ¿Qué es lo que le decía a Dios? Y la transformación llegó en un instante... Se relajó y dijo: «Que venga tu reino. Que así sea». Se relajó... ése es el paso. Murió y renació... una nueva conciencia, un nuevo ser.

Cuando mueres en la mente, naces en la conciencia. Cuando mueres en el cuerpo, naces en el cuerpo universal. Cuando mueres como ego, naces como un dios, *como* Dios. Cuando mueres en tu pequeño territorio, te esparces por toda la existencia... te conviertes en existencia.

Ahora bien, este paso debe comprenderse bien, y por ello me gustaría repetirlo: el fin de la mente es el fin del mundo, porque el zen dice que la mente *es* el mundo. Por lo general, cultivamos y reforzamos la mente, la hacemos cada vez más capaz, hábil, eficaz. Eso es lo que hacemos en escuelas, colegios y universidades. Eso es lo que significa educación, aprender.

El zen es un tipo de desaprendizaje. Enseña cómo desechar lo que se ha aprendido,

> El zen es un tipo de desaprendizaje. Enseña cómo desechar lo que se ha aprendido, enseña a volver a recuperar la habilidad, a tornar a ser niños, a existir de nuevo sin mente, a cómo estar aquí sin ninguna mente.

enseña a volver a recuperar la habilidad, a tornar a ser niños, a existir de nuevo sin mente, a cómo estar aquí sin ninguna mente.

La mente provoca todo tipo de miserias. La primera: la mente nunca está en el presente, lo pasa por alto. ¡Y sólo existe el presente! La mente siempre está en el pasado, siempre, siempre. O siempre en el futuro. La mente salta del pasado al futuro, y del futuro al pasado. Pero nunca permanece en el presente. Es como el péndulo de un reloj... va de una polaridad a otra, pero nunca se queda en el medio.

El zen dice que uno ha de salir de esta trampa de pasado y futuro, porque la puerta se abre en el presente, la puerta se abre en este momento, o ahora o nunca. Y la puerta está abierta, pero nuestros ojos vacilan. Miramos hacia el pasado o el futuro, y el presente queda empequeñecido entre ambos, y lo pasamos por alto. El zen dice que a menos que deseches la mente nunca te podrás sintonizar con la existencia, ni podrás palpitar con el latido del universo. Si no desechas la mente, seguirás viviendo en un mundo particular que tú mismo has creado; no vives en el mundo real y continúas siendo un idiota.

Ése es el significado de la palabra *idiota. Idiota* significa vivir en un mundo particular. El idiota vive en un mundo particular, y cuenta con un idioma también particular. Vive a su manera. Se confina a hacerlo todo a su manera. Nunca sigue lo universal, lo existencial. No hace más que proyectar sus propias ideas. La mente es idiota, por muy inteligente que sea, recuérdalo. El idiota nunca puede ser muy inteligente, puede ser un gran experto, acumular mucho conocimiento, muchos títulos, pero un idiota es un idiota, y eso es todo. La idiotez sólo puede convertirse en algo cada vez más peligroso.

La inteligencia nunca surge de la mente. La inteligencia sólo surge cuando se ha descartado la mente. La inteligencia se manifiesta cuando se ha puesto de lado la mente. La mente bloquea la fuente de la inteligencia, como si fuese una piedra.

La mente siempre es mediocre, estúpida, poco inteligente. Permanecer en la mente es poco inteligente. Lo inteligente es estar más allá de la mente. La inteligencia no es una de las cualidades de la mente.

La meditación es la búsqueda de esa inteligencia, de cómo dejar de aprender, de cómo desechar el conocimiento, de cómo abandonar todo el pasado acumulado. Una vez se acumula, se hace cada vez más difícil deshacerse de él, y cada día es más grande. El peso no hace más que crecer. La carga que se lleva a la espalda aumenta a cada momento. No es la edad lo que acaba matándote, sino el peso.

Un hombre que vive en la no mente vive sin muerte, porque muere a cada instante. Nunca acumula, nunca mira hacia atrás, nunca mira hacia adelante; simplemente está aquí. Está aquí con ese canto del cuclillo; simplemente está aquí. Su ser es en este momento. Fluye con el momento, no es rígido ni está confinado por el pasado. De hecho, carece de biografía y de sueños de cara al futuro. Vive tal como llega la vida.

Y el zen dice que la mente puede ser de utilidad en el mundo, pero no en lo que respecta a lo esencial. La mente puede ser útil para lidiar con trivialidades, pero resulta inútil para lo esencial. Lo esencial no puede pensarse, porque está por debajo y más allá del pensamiento. Tú eres lo esencial. ¿Cómo puedes pensarte? Tú ya eres eso antes de que aparezca el pensamiento. El pensamiento es un añadido posterior.

Nace un niño y él es lo esencial. El pensamiento aparecerá a continuación; el niño acumulará conocimiento y escribirá muchas cosas en la página de su vida. Y se convertirá en un conocedor –de esto y lo otro– y se identificará con ser médico, ingeniero o profesor. Pero en el momento en que nació era simplemente pura conciencia, frescura, una página en blanco, sin nada escrito, ni siguiera con su propia firma. No tenía nombre ni idea acerca de quién era.

> Nunca perdemos nuestra esencialidad, no es posible. Eso es precisamente la esencialidad, no puede perderse. Es nuestra naturaleza más íntima, y por ello no hay forma de perderla. Pero puede nublarse.

Eso es la inocencia primigenia, y eso es lo esencial. Nuestro ser esencial es antes que el pensamiento y después del pensamiento. No desaparece cuando el pensamiento aparece, pero sí que se nubla... al igual que un sol rodeado por demasiadas nubes. Cuando hay nubarrones negros da la impresión de que el sol ha desaparecido.

Nunca perdemos nuestra esencialidad, no es posible. Eso es precisamente la esencialidad, no puede perderse. Es nuestra naturaleza más íntima, y por ello no hay forma de perderla. Pero puede nublarse. La llama puede nublarse a causa del humo, y puede pensarse que se ha perdido. El sol puede hallarse tan nublado que dé la impresión de que se ha hecho de noche. Eso es lo que ocurre. Somos antes que el pensamiento, somos mientras el pensamiento está ahí, y seremos cuando el pensamiento haya desaparecido. Siempre estamos aquí. Pero cuando surge el pensamiento es muy difícil saber quiénes somos y qué es exactamente esta conciencia.

Pensar en una distracción, una perturbación. Únicamente recuperamos el contacto con lo esencial cuando desaparece el pensamiento. Si uno piensa en ello, se puede pensar y pensar y pensar, pero es algo que elude el pensamiento; se desliza de su abrazo. Y luego, al ver que el pensamiento no lleva a ninguna parte, éste se detiene por sí mismo. Si uno piensa hasta el final del todo, se manifestará automáticamente un estado de no pensamiento. Este fin del pensamiento llega final y naturalmente, y eso es lo que propone el zen.

El método del zen se llama *koan*. Se trata de un método muy especial, es la mayor contribución del zen al mundo. El *koan* es un método especial del zen, igual que existen otros métodos en otras escuelas. Por ejemplo, *vipassana*, la mirada discriminadora, es el método que el Buda ofreció al mundo, clara visión. Jalaluddin Rumi, el místico sufí, contribuyó con otro método: el de la absorción, el de perderse en Dios, el de perder el propio sentido de ser. Los sufíes también cuentan con otros métodos: *zikr*, el recuerdo del nombre de Dios, o bien el girar. También son métodos las posturas de yoga de Patañjali, una contribución especial al mundo. Todas las grandes religiones han contribuido con una cosa u otra.

La contribución especial del zen es el *koan*. Un *koan* es un acertijo, muy especial, un acertijo que es imposible solucionar, un acertijo que no puede solucionarse a través de su formulación. Piensas y piensas... Hay que pensar, cavilar y meditar sobre ello.

Por ejemplo, a los discípulos se les dice que mediten sobre el sonido del aplauso de una sola mano. Pero una sola mano no puede aplaudir, y por ello la solución aparece prohibida, rechazada, desde el principio. Una mano no puede crear el sonido de un aplauso. Para aplaudir son necesarias al menos dos manos. Aplaudir significa la intervención de ambas. Aplaudir es un conflicto, y por ello no puede suceder con una sola mano. Así que el acertijo es imposible. No se trata de un acertijo normal y corriente. Tampoco se trata de que si piensas lo suficiente acabarás dando con la solución. No. Cuanto más pienses más imposible te parecerá la solución. La solución no existe; es algo que se ha negado desde el principio. El *koan* debe ser formulado de tal manera que tu mente no tenga la posibilidad de pensar en ello... y tienes que pensar en ello.

Y el discípulo se sienta en meditación y continúa pensando. Y piensa y piensa y no deja de pensar. Pasan los meses y empieza a enloquecer: el sonido del aplauso de una sola mano. Y se presenta al maestro con muchas soluciones, ¡y el maestro le dará de palos! También eso es algo particular del zen. La compasión es tan grande que, si el maestro cree que dar de palos será de ayuda, entonces apaleará. Si cree que dar un puntapié ayudará, entonces dará puntapiés. Si siente que hay que echar a un discípulo por la ventana, entonces lo arrojará por ella. Hará todo aquello que crea que es necesario. Y no lo hará de manera premeditada... sino que mirará al discípulo y será aquello que suceda en ese momento en su conciencia. Su comportamiento será totalmente inesperado.

Un maestro zen es impredecible. Si acudes a un *swami* hinduista, verás que siempre es predecible; si le haces una pregunta, su respuesta será predecible. Recitará los Vedas, las Upanishads, casi como un loro. Sabrás su respuesta por adelantado. Pero no sucederá así con un maestro zen. Si acudes a un maestro zen nunca sabrás qué puede suceder. Nadie lo sabe. Son tan inmediatos –incluso al cabo de miles de años– que no puede decirse nada acerca de cómo reaccionará un maestro zen frente a tu pregunta, de cuál será su respuesta. El discípulo llega con muchas soluciones, que son... regulares, porque la solución es imposible. Así que incluso sin necesidad de escuchar la respuesta, la que trae el discípulo, el maestro sentirá la necesidad de golpearle.

Sucedió una vez... Llegó un discípulo. Había estado presentando una u otra solución al *koan* desde hacía tres meses. En esta ocasión llegó con la idea de que golpearía la pared con la mano. Ahora bien, ésa no es una solución. Has vuelto a aparecer con dos; sí, desde luego, no hay dos manos implícitas, pero ésa no es la cuestión. El maestro le golpea. Y así todo el tiempo... Cada día aparece con una cosa u otra; imagina y piensa que tal vez funcione en esa ocasión. Ya han pasado tres meses, así que llega, y antes de que haya tenido tiempo de abrir la boca, el maestro le da un bofetón. Y el discípulo dice: «¡Un momento! Ni siquiera he abierto la boca». Y el maestro responde: «Entonces sería demasiado tarde. Si dices algo, será demasiado tarde».

Y ese día le sucede algo al discípulo. No ha dicho nada. Cada día ha ido diciendo algo, y claro, le ha caído un palo... así que no tenía sentido. Y por ello acabó por pensar que todo lo que dijese estaba equivocado, y que por eso era golpeado por el maestro. Pero ahora había desaparecido incluso ese razonamiento. No había dicho nada, ¿y el maestro le golpea? Ahora se trata de algo absolutamente irracional con lo que la mente ya no puede.

Cuando la mente no puede con algo, abandona. Cuando la mente demuestra su impotencia ante algo, abandona.

Un *koan* es un acertijo que no puede resolverse, pero en el que hay que pensar. Durante horas, durante seis, ocho, diez, doce, y a veces durante dieciocho horas, el discípulo no hace más que sentarse absorbido, observando el problema desde todos los ángulos, teniendo en cuenta todas las posibilidades; intentando penetrar en él desde éste o aquel lado. Intenta desentrañar el problema desde todas las direcciones, en todas las dimensiones, a fin de hallar la solución. Llega ante el maestro y se encuentra de nuevo enfrentado a sí mismo...

¿Qué sucederá? Poco a poco se van agotando todas las posibilidades. Ya ha pensado en todo lo pensable. Ahora da la impresión de que no existen más posibilidades, de que no se puede ir más allá. Y entonces, un día, empieza simplemente a observar el acertijo, y no se manifiesta pensamiento alguno. Ésa es la cuestión, observar el acertijo sin que surja pensamiento alguno. Y cuando no surge ningún pensamiento entonces puedes ver en el acertijo... que es absurdo.

Sí, ya habías pensado que era absurdo en muchas ocasiones anteriores –de hecho, sabías que lo era, que no podía re-

> Cuando la mente no puede con algo, abandona. Cuando la mente demuestra su impotencia ante algo, abandona.

solverse–, pero eso también provenía de la mente, no se te había revelado. Ésa era la solución de tu mente: no se puede resolver, ¿para qué preocuparse entonces? Abandónalo, olvídate de ello, no puede resolverse. Pero eso también salía de la mente. Un día, cuando la mente dejó de tener qué decir, cuando dejó de funcionar de puro agotamiento, cuando perdió toda su pericia, toda su eficacia, cuando toda su inteligencia ha demostrado no servir de nada, desaparece. Y en esa rendija... aparece la revelación. En esa rendija puedes ver, y ves por primera vez. En esa rendija el pensar no está, pero tiene lugar el *conocer*, y ésa es la cuestión de la transformación.

Cuando se detiene el pensamiento y surge el conocer, cuando los pensamientos desaparecen y aparece la claridad, puedes ver que la verdad no es algo que pueda pensarse, sino que ha de verse... Por eso, a quienes alcanzan la verdad se les llama a veces *visionarios*, y no pensadores. La han visto. Han entrado en ella, no han pensado en ella, no son grandes filósofos ni lógicos. Son personas sin mente, son personas más allá de la mente. Miran directamente, sin ningún pensamiento entre ellos y la realidad. Lo que es se revela tal cual es, en su talidad. La mente ya no está ahí, funcionando a través del pensamiento. No hay más oleadas, es una espejo. Y sólo refleja lo que es.

Si se tiene algo más en lo que pensar, entonces no es el auténtico fin. Si crees que sigue habiendo algo en lo que pensar, entonces éste no es el auténtico fin; la mente no desaparecerá. No puedes obligarla; no puedes decir: «Muy bien, si no hay nada que pueda pensarse, entonces pondré la mente de lado e intentaré ver». No podrás hacerlo, porque la mente está ahí. Todo eso lo está haciendo la propia mente, y todo lo que se haga a través de la mente no hace sino reforzar la propia mente. Si todavía tienes algo en lo que pensar, si sientes que la mente todavía puede proporcionarte alguna respuesta, si todavía mantienes la mínima confianza en la mente, entonces no has llegado al verdadero final.

Cuando se alcanza el final de verdad, el pensar se detiene y comienza el ver. Y en este ver radica la revolución, el cambio radical, la mutación, la metanoia.

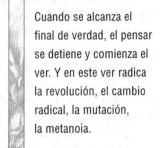

Cuando se alcanza el final de verdad, el pensar se detiene y comienza el ver. Y en este ver radica la revolución, el cambio radical, la mutación, la metanoia.

Es como cuando utilizas un taladro, pregúntale a un carpintero. La gente zen dice que es como utilizar un taladro. Mientras puedas taladrar es que no has llegado al final. Cuando no hay más resistencia, entonces no puedes seguir perforando –el taladro sólo zumba–, y ése es el final. No soy carpintero, pero así es como funciona. No he utilizado nunca un taladro, pero así es como funciona interiormente. De repente desaparece toda resistencia. No queda nada más que taladrar. El pensamiento se torna impotente.

Cuando no puedes taladrar más es que has llegado al final; cuando no puedes pensar más, has llegado al final. Entonces no hay palabra, pensamiento o imagen, nada, sólo la nada. Has llegado al final de la mente, o llámalo el fin del mundo. Has llegado hasta donde hay un cartel que pone: «Éste es el fin del mundo». ¡Pero no salgas corriendo! También está el otro lado.

Y el otro lado es el auténtico. El mundo que finaliza no es la realidad, pero sí que es el comienzo de Dios. El mundo que acaba es la enfermedad desapareciendo; y al otro lado aparece la salud. Estarás sano por primera vez, y completo, y santo. Así que no escapes.

Aterrador, resulta aterrador cuando no puedes taladrar más con la mente. Como te has identificado tanto con ella, hasta el punto de creer que *eres* la mente, al creer que ésta no funcionará más te sientes perdido: «¿Me estoy volviendo loco?».

Sí, es casi como una locura. Y digo "como una locura", pero no es igual que la locura, no es exactamente como la locura. En la locura, la mente continúa. De hecho, en la locura, la mente funciona más, continuamente, durante veinticuatro horas. Empieza a funcionar de manera irracional. Se torna extraña, carece de lógica, deja de ser racional, y razonable; se desparrama en todas las direcciones; se torna contradictoria; pierde todo contacto con la realidad, pero la mente continúa.

Fíjate bien: un loco está más en la mente que tú. Si estuvieses demasiado en la mente acabarías volviéndote loco. Los locos están por delante de ti en la cola. Han utilizado más que tú su mente. La han utilizado hasta el extremo; por eso se han desquiciado. Son muy mentales.

> Un loco está más en la mente que tú.
> Si estuvieses demasiado en la mente acabarías volviéndote loco.
> Los locos están por delante de ti en la cola.

Cuando tiene lugar el *satori*, o cuando se detiene el perforar y la mente deja de funcionar, puede que durante un instante sientas que te has vuelto loco. Pero de hecho esa posibilidad no existe porque sólo la mente puede enloquecer. Pero ahora ya no hay mente, y por lo tanto no puedes enloquecer. Puede que te asalte esa idea durante un momento, porque habrás vivido tanto con la mente que te asustes cuando se detenga de repente. Te hallarás en una vaciedad. Y ese vacío es muy espeluznante. Es como la muerte. Estás desapareciendo, perdiendo identidad. Resulta paralizante... durante un instante.

Y ése es el punto en que necesitas un maestro para que te empuje. Si considera que darte un puntapié será beneficioso, entonces te lo dará. Si le parece que darte una paliza te irá bien, entonces te la dará. Si cree que lo necesario es besarte, entonces te besará. Nadie sabe lo que hará. Ni siquiera un maestro sabe qué resulta necesario en cada momento. Lo decide en el momento. Y tras un pequeño gesto... te empuja, y entonces habrás dado el primer y último paso. Una vez hayas dado el salto y visto el otro lado del fenómeno, y hayas leído el cartel del otro lado, verás que ahí empieza Dios. Entonces estarás tranquilo.

Entonces no habrán más problemas. Todos los problemas habrán desaparecido. De hecho, el origen de todos los problemas –la propia mente– también habrá desaparecido. Entonces se empieza a vivir una vida no problemática. Se empieza a vivir por primera vez.

Pero si te encuentras con Dios, o con el Buda, o con Cristo, o con cualquier otra cosa, entonces ése no será el auténtico final, recuérdalo. Si llegas a ese punto y de repente ves a Cristo delante de ti, derramando su compasión y su amor sobre ti, entonces es que no es el auténtico final. Tu mente estará poniendo en práctica su último truco. O si te encuentras a Krishna con su flauta, entonando una bella canción... Ése es el último esfuerzo de la mente para tratar de seducirte. O si te encuentras a Dios en el trono celestial rodeado de una corte de ángeles, es que te habrás perdido, que todavía no has llegado al auténtico final. Vuelve a ser una proyección.

Se trata de algo que hay que comprender muy bien, porque el zen insiste mucho en ello. Si tienes algo que ver, si sigue habiendo algún objeto, entonces es que no es el fin de verdad, y por lo tanto todavía queda algo que perforar.

Por eso, el gran maestro zen Hui-neng, dijo: «Si te encuentras al Buda, mátale enseguida. Si en el camino te encuentras con el primer patriarca, Bodhidharma, mátale enseguida».

> Si tienes algo que ver, si sigue habiendo algún objeto, entonces es que no es el fin de verdad, y por lo tanto todavía queda algo que perforar.

Sin piedad. Continúa taladrando, ¡perfora incluso al Buda! A menos que llegues a la nada, deberás seguir taladrando y perforando.

Eso es algo que en la India resulta bastante difícil, porque este país ya ha llegado a ese punto en muchas ocasiones, y siempre se ha quedado atascado ahí. Sólo el Buda ha dado el último paso, porque la gente sólo ha ido hasta el penúltimo. Ahí es donde está Dios, y es tan hermoso... *Es* hermoso. Contemplar a Dios es tal bendición, o bien ver cómo despierta la *kundalini*... una experiencia maravillosa, tremenda. No habrás conocido nada igual. O bien hay luz en tu interior, una luz infinita; miles de soles surgiendo a la vez, tanta luz... una luz tan deslumbrante. Es increíble. O bien ves el loto, el loto de mil pétalos desplegándose en tu cabeza. Una maravillosa fragancia hasta entonces desconocida que se derrama sobre ti. Todo ello te transporta a otro mundo.

Pero el zen dice que sigas taladrando. Sí, la *kundalini* ha despertado, pero ése no es el final. Has visto la luz, pero ése no es el final. El loto se ha abierto, pero ése no es el final. Sigue perforando. Llega hasta la nada. *La propia experiencia* es la barrera, porque experimentar es un juego de la mente, y la mente es tan inteligente que si buscas a Dios te suministrará a Dios. La demanda crea la oferta. Si buscas a Krishna con demasiado ahínco, la mente te suministrará a Krishna. La mente te dirá: «Muy bien, tómalo. Aquí tienes a Krishna». No cedas, porque no habrás llegado al final, sino que volverás a perderte en Krishna. Y tarde o temprano incluso Krishna acabará desapareciendo. Una vez que la mente se ha detenido, tu Krishna desaparecerá.

Podría pasar lo siguiente: ves a Krishna con su flauta y ves unas hermosas muchachas danzando a su alrededor, las *gopis*. Tarde o temprano olvidarás a Krishna y te enamorarás de una *gopi*. Y el mundo volverá a comenzar. Regresarás a casa. La mente es muy astuta, y cuando es cuestión de vida o muerte para ella –y *es* cuestión de vida o muerte cuando estás en meditación–, la mente intentará todo lo posible para autoprotegerse. Es cuestión de supervivencia. Así que no la escuches.

Dice Hui-neng: «Se te ha dicho que te dejes guiar por el Buda, la ley y el *sangha*, la comunidad de buscadores, pero yo te digo que te guíes únicamente por ti mismo». Si te dejas guiar por el Buda, y el Buda aparece como una flor de loto –de una hermosura tremenda, celestial y divina–, Hui-neng dice: «Mátale enseguida». No esperes ni un minuto, porque es tan fascinante que te puede perder. Destrúyele. Despídete, dile adiós. Dile: «Vale, gracias, pero apártate de mi camino». «No te dejes guiar por el Buda», dice Hui-neng, un seguidor del Buda. «No te dejes guiar por la ley, por el *dharma*. No te dejes guiar por el *sangha*, la comunidad. Te digo que simplemente confíes en ti mismo.»

Cuando te quedas solo, completamente solo, esencialmente solo, entonces has llegado. Si hay algo más como objeto, entonces todavía no has llegado, sigue persistiendo la dualidad, que ha hallado un nuevo modo de ser. Cuando sólo es uno, entonces se ha llegado. ¡Así que confía sólo en ti mismo!

Dice Hui-neng: «Mi consejo es que al no tener nada que hacer, te tomes un descanso. Y aunque aparezca el bárbaro de ojos azules, Bodhidharma, sólo podrá enseñarte a no hacer nada. Vístete, come y mueve las tripas, eso es todo. Ni muerte, ni temor, porque no hay nadie que muera. No hay transmigración, ni temor, porque no hay nadie que transmigre. Siempre es aquí. No hay ningún sitio al que ir».

Cuando Hui-neng se estaba muriendfo, hubo alguien que preguntó: «¿Adónde vais, maestro?». Hui-neng abrió los ojos y dijo: «¿Qué tontería de pregunta es ésa? ¿Dónde se puede ir? No hay sitio alguno al que ir. Uno siempre está aquí y ahora».

¿Te has dado cuenta de esa cualidad de la conciencia? Siempre estás aquí y ahora, no puedes estar allí y luego. ¿Cómo podrías estar allí y luego? Cuando llega ese mañana

165

siempre aparece como presente, nunca llega como un mañana. Cuando se ha ido es ayer, cuando todavía no ha llegado es mañana, pero siempre que está aquí es hoy, y sólo puedes ser en el hoy. No puedes ser en el ayer, no existe. No puedes ser en el mañana, pues todavía no es. Siempre eres aquí y ahora. ¿Te has dado cuenta de ese fenómeno? No puedes estar en ningún otro lugar. Hui-neng dijo: «¿Adónde podría ir? No hay ningún sitio al que ir, ni nadie que vaya. Soy uno con el todo. No hay muerte alguna que temer, ni transmigración a la que temer, ni nirvana que alcanzar ni iluminación a la que llegar».

Intenta ser tan ordinario como te sea posible, sin tener que hacer nada. Ése es el enfoque zen: no hay que hacer nada. No hay nada que hacer. Uno sólo tiene que ser. Tómate un descanso y sé ordinario y natural. Come tus alimentos, duerme, y mueve las tripas.

> Ése es el enfoque zen: no hay que hacer nada. No hay nada que hacer. Uno sólo tiene que ser. Tómate un descanso y sé ordinario y natural.

El zen es la manera natural, el camino natural: «Ser natural es el camino. Libera la mente. No hagas el mal intencionadamente ni hagas el bien deliberadamente. No te aferres a nada. Eso es el tao». Y con eso basta. «No te aferres a nada». Hay que recordarlo externa e internamente. «No te aferres a nada». A veces te aferras al dinero, a veces a la esposa, al marido, y a veces empiezas a aferrarte interiormente a Krishna y a Cristo. «No te aferres a nada.» Sólo entonces podrás llegar al verdadero fin del mundo, y el fin es el principio, y el caos es creación.

Otro maestro zen, Hsuan Chien, dice: «Aquí, donde estoy, no hay verdad alguna que pueda comunicarte. Mi deber es aligerar la pesada carga de peso muerto que llevas a la espalda. Mi misión es destruir todo aquello que te ata y te convierte en un esclavo. Mi deber es matar todo aquello y a todo aquel que se interponga entre ti y tú mismo».

La gente zen es en verdad de una cualidad distinta. Es imposible hallar esas expresiones en otros lugares. Es imposible encontrar declaraciones tan rebeldes, expresiones tan fieras, tan radiantes y tan vivas. Han pasado cientos de años, pero Hsuan-Chien continúa siendo un rebelde. No se puede edificar una tradición basándose en él. El zen es la única religión que no se ha convertido en una tradición, no puede ser. No permite que nada se asiente. Ni siquiera le permite la entrada al Buda. Ni habla acerca de la verdad. Lo que dice es: «Aquí, donde estoy, no hay verdad alguna que pueda comunicarte. Apartamos todo lo que está en medio». Y cuando no queda nada, es la verdad, cuando te hallas esencialmente desnudo, en tu desnudez esencial. Cuando no te queda nada, excepto tu puro ser... eso es la verdad.

Sí, este Hsuan-chien tiene razón: «Aquí, donde estoy, no hay verdad alguna que pueda comunicarte». Y eso es lo que yo también os digo. Aquí, donde estoy, no tengo verdad alguna que ofreceros, y lo único que hago es apartar las mentiras de vosotros, las mentiras que se han ido acumulando a lo largo de los siglos, las falsas concepciones, las nociones absurdas. Las quito de en medio, poco a poco. Lo único que hago es quitaros cosas de encima; no os estoy dando nada. Cuando os quedáis sin nada, y cuando no os apegáis a nada... ahí está. Siempre ha estado ahí, y lo único que necesitáis es abrir los ojos por completo.

> No tengo verdad alguna que ofreceros, y lo único que hago es apartar las mentiras de vosotros, las mentiras que se han ido acumulando a lo largo de los siglos, las falsas concepciones, las nociones absurdas.

Al destruir la mente, el zen también destruye el ego, porque en realidad se trata de dos nombres para la misma cosa. Escuchad la historia que escribe Suzuki acerca de un gran maestro zen, Ryokan:

> En sus poemas, Ryokan hace alusiones a un bosque de bambúes que rodea su cabaña. Le gustaba mucho su sabor, pero sobre todo cómo crecían de rectos, su intenso verdor, que mantenían todo el año, sus raíces hundiéndose firmemente en el suelo, mientras que el tronco es hueco, simbolizando la nada.

A la gente zen siempre le ha gustado los bambúes. El bambú es su símbolo. ¿Por qué? Porque es verde durante todo el año. Es verde en todas las estaciones, llueva, haga calor, llegue el invierno o lo que sea, siempre es verde. No hay nada que lo haga cambiar. Vive una especie de eternidad. Su verdor implica su frescura, su juventud, su esplendor, su viveza. No acumula peso muerto.

En segundo lugar, cuenta con firmes raíces en el suelo, está muy enraizado. Ése también es un punto muy importante que hay que recordar. Una persona necesita estar muy enraizada. Estamos en la tierra, somos de la tierra y estamos hechos de la tierra. Necesitamos estar tremendamente enraizados. Hay muy poca gente que esté realmente enraizada; son como árboles desenraizados. Y eso que denomináis religiones os desenraiza enormemente. Empezáis a vivir en el cielo, en las alturas, y os olvidáis de la tierra. De hecho, no sólo os olvidáis, sino que se os ha enseñado a estar en contra. La condenáis. ¿Cómo podéis pues estar enraizados si condenáis la tierra?

El zen está muy enraizado en el mundo. No está contra el mundo, sino más allá, recordadlo. No os enseña ninguna religión antimundana, sino una religión mundana, no obstante muy de otro mundo. Dice: vive en el mundo pero no seas del mundo. No te dice que renuncies al mundo.

Ése es también mi punto de vista, y por ello mi amor por el zen. Vibramos en la misma longitud de onda.

El bambú está muy enraizado. Y se eleva mucho hacia el cielo, hasta una altura imposible. Un bambú es un árbol muy delgado, pero derrota a muchos árboles. Se eleva a gran altura. Se mueve con el viento sin miedo porque está enraizado en la tierra. Canta mil y una canciones en el cielo, pero no está contra la tierra. Tiene alas, pero también cuenta con raíces.

Y la tercera cosa, que es muy significativa, es: está vacío por dentro. Y así es como debería ser el ser humano. Enraizado, siempre verde, joven, fresco, vivo, palpitante, desbordante de energía, bailando y celebrando, y no obstante, vacío por dentro... vacío como un bambú.

Ryokan debe haber amado muchísimo el bambú porque compuso muchas canciones sobre él; también pintó muchos bambúes.

«A Ryokan le gustaba esa característica del bambú», esa característica de vaciedad.

«Se dice que en una ocasión, un joven brote empezó a despuntar, asomando por el suelo de la cabaña. A Ryokan le interesó. Al final, al ver que crecía demasiado para lo pequeño que era el cobertizo, empezó a quitar el techo.»

Piensa en ello. Un bambú empezó a crecer dentro de la cabaña. Pero a Ryokan no se le ocurrió arrancar el bambú, sino que quitó el techo porque el bambú necesitaba cielo, más espacio. La casa no era tan importante como el bambú, como el bambú vacío que crecía en el interior, como ese bambú tan vivo.

Pero entonces pasó algo más... «Empezó a quemar el techo con una vela.»

Cuenta Suzuki: «¿Le pareció que ése era el modo más sencillo de lograrlo? Tal vez no tenía tal cosa en la cabeza y sólo pretendió dar un poco más de espacio al brote, y al ver la vela, que estaba cerca, la utilizó».

No, yo no creo que fuese de esa manera. Así es como trabaja la gente zen: si pueden destruir algo, lo destruyen por completo. Si debe destruirse, entonces debe hacerse por completo. Y para ello toman medidas drásticas. Quemar el techo fue una medida drástica. Dice Suzuki: «Pero por desgracia el tejado se incendió más de la cuenta y toda la casa, junto con el bambú, acabó totalmente quemada».

Suzuki dice "por desgracia". Pero no tiene razón. Ryokan sabe que no es por desgracia. Eso es exactamente lo que quiso, que el tejado desapareciese con el resto de la casa, que toda la casa desapareciese.

Cuando en tu interior empieza a crecer un bambú, cuando algo nuevo empieza a crecer interiormente –llámalo meditación o llámalo *zazen*–, cuando algo nuevo empieza a crecer en tu interior, la mente es la estructura que lo rodea. Como al principio siempre empiezas con la mente, no hay otro modo de comenzar. Si has venido a verme, has venido a causa de la mente. Si has empezado a meditar, has empezado a causa de la mente. Incluso si estás escuchándome hablar *contra* la mente, estás escuchando *desde* la mente, así que todo pertenece a la estructura de la mente. Ese tejado, esa estructura, esa cabaña, es la mente, y el bambú crece en su interior.

Ryokan quemó el tejado. Suzuki dice "por desgracia" el fuego se le fue de las manos, y no sólo quemó toda la estructura, sino también el bambú. Naturalmente, Suzuki cree que cuando se quema el bambú es por accidente. Pero no, no es así.

En primer lugar, a fin de proteger tu meditación, tendré que quemar la estructura de la mente, pues esta meditación que has iniciado es parte de tu mente. Cuando la mente se ha quemado, la meditación también habrá ardido. Esta mente y esta meditación van juntas. Esta meditación parte de la mente y se irá con la mente. Una vez esta meditación y esta mente hayan desaparecido, llegará otro tipo de meditación.

Sí, ése es el sentido de esta bella historia. No estoy dispuesto a coincidir con Suzuki, que no ha comprendido el sentido. Se ha quedado demasiado enganchado al bambú. Ha perdido el hilo. Por fortuna el fuego se extendió más de la cuenta, de hecho, ésa fue la idea original. Cuando un maestro como Ryokan hace algo, sabe perfectamente lo que está haciendo. No puede ser un accidente. Todo se lleva a cabo con atención total, con una conciencia total y absoluta. Eso es lo que pretendió hacer. La estructura debía desaparecer, y el bambú con ella.

La mente debe desaparecer, y la meditación que iniciaste con la mente también desaparecerá. Y luego llegará otro tipo de meditación que no tendrá nada que ver contigo, un algo totalmente discontinuo. Es discontinuo respecto de ti. Proviene de Dios, del todo, y se trata de un regalo. No ha sido creado por ti, es un suceso.

Ahora seguimos con esta historia:

> *Un monje llegó ante un maestro buscando ayuda para resolver una de las preguntas clásicas de la dialéctica zen: «¿Qué sentido tiene la llegada de Bodhidharma desde el oeste?».*

> La mente debe desaparecer, y la meditación que iniciaste con la mente también desaparecerá. Y luego llegará otro tipo de meditación que no tendrá nada que ver contigo, un algo totalmente discontinuo.

Se trata de un *koan*, como ya he explicado. Es como preguntar: «¿Qué sentido tiene que el sol aparezca siempre por el este?», o: «¿Qué sentido tiene la luna llena?».

En cierta ocasión alguien observaba a Picasso mientras éste

pintaba. Le observó muy de cerca, y cuando la pintura estuvo acabada, preguntó: «¿Qué sentido tiene su pintura?». Y Picasso se enfadó muchísimo, casi le dio un ataque de rabia, y gritó: «¡Vete a preguntarle a la rosa del jardín qué sentido tiene la rosa! ¡No comprendo por qué hay gente que me pregunta por el sentido! Si la rosa puede estar ahí sin ningún sentido, ¿por qué mi pintura tiene que tener alguno?».

¿Por qué toda esa necesidad, esa constante obsesión con el sentido? El sentido pertenece a la mente. Se trata de un juego de la mente. La mente siempre anda preguntando: «¿Cuál es el sentido?».

Y en este caso se trata de esa pregunta... Bodhidharma fue de la India a China. Entró en China por el lado oeste. Tenía que hacerlo por algún sitio. Ahora bien, los maestros zen dan ese *koan* a sus discípulos: «¿Por qué llegó Bodhidharma desde el oeste? ¿Por qué? ¿Por qué vino a China? ¿Por qué?».

Tú no le preguntas a una nube: «¿Por qué has venido a China?». Ni le preguntas a una estrella: «¿Por qué estás ahí?». Los hombres como Bodhidharma son tan puros que no existen a través del sentido de sus acciones: simplemente existen, sin ningún tipo de sentido. No existen con ningún propósito. No son sistemáticos, sino como flores, son ¡gente floral! Existen sin ningún propósito, simplemente existen. ¿Qué otra cosa se puede hacer? Su existencia no es utilitaria.

Ése es el sentido, que no hay sentido.

Así que se da la pregunta, se da el *koan* al discípulo. Para que piense en ella.

> Tú no le preguntas a una nube: «¿Por qué has venido a China?». Ni le preguntas a una estrella: «¿Por qué estás ahí?». Los hombres como Bodhidharma son tan puros que no existen a través del sentido de sus acciones: simplemente existen, sin ningún tipo de sentido.

Un monje llegó ante un maestro buscando ayuda para resolver una de las preguntas clásicas de la dialéctica zen: «¿Qué sentido tiene la llegada de Bodhidharma desde el oeste?».

Bien, pues este Bodhidharma es uno de los hombres más sinsentido que ha caminado nunca por la superficie de esta tierra. Es imposible pensar en alguien tan sinsentido como este Bodhidharma. A veces incluso supera al Buda Gautama. Es increíble... es fenomenal. Cuando llegó a la China, el emperador salió a recibirle a la frontera porque hacía años que llegaban noticias, rumores: «Llega Bodhidharma. Bodhidharma está al llegar y es un auténtico fenómeno».

El emperador se sintió muy interesado. Era el emperador Wu. Así que salió a recibirle. Y cuando lo hizo se sintió un tanto embarazado, porque Bodhidharma llegó con un zapato puesto y el otro encima de la cabeza.

Fue demasiado. Sí, el emperador ya había escuchado que ese hombre era un tanto extraño, pero no creía que fuese *tan* extraño. ¿Qué significaba? Lo primero que le vino a la mente debió ser algo así como: ¿qué sentido tenía que Bodhidharma llevase un zapato en la cabeza? Pero no le pareció adecuado preguntárselo, sobre todo frente a una recepción tan numerosa: diez mil monjes reunidos, provenientes de toda China, para recibir a ese hombre. Era el heredero de la transmisión del Buda. Había recibido en sus manos aquello que el Buda le diera a Mahakashyapa. Era el heredero, el sucesor del Buda.

Incluso esos monjes allí reunidos se sintieron un tanto nerviosos... ¿Qué iba a pensar el emperador? Además, aquel hombre iba a destrozar su prestigio. ¡Tan maleducado y loco! ¿Qué era lo que había salido mal? El emperador tenía preparado un discurso, pero le resultaba difícil ofrecérselo a ese hombre. Se había esmerado mucho en su preparación, y los cortesanos lo habían repasado. ¡Y no tenía ningún sentido!

Ahí estaba aquel hombre, de pie –ni siquiera sentado–, con un zapato en la cabeza. ¡Imagínatelo!

Finalmente el emperador preguntó: «Señor, puede que os parezca descortés, pero he de preguntároslo. ¿Por qué lleváis ese zapato en la cabeza?». Y Bodhidharma dijo: «¿Y por qué no? El zapato se cansó mucho de tanto llevarme, así que ¿por qué no iba a llevarlo yo?».

¿Qué está diciendo? Pues dice: «No te preocupes por el sentido».

Poco a poco, cuando la gente se fue acostumbrando a sus maneras, empezaron a comprender lo que decía. Se comenta que les dijo a sus discípulos: «Eso fue sólo para que supiera con quién iba a tratar y para que nunca preguntase por el sentido de nada. Las cosas deben dejarse claras desde el principio. Así que tuve que hacer algo absurdo porque soy una persona absurda, tan absurda como una flor, tan absurda como una nube».

> El sentido es algo creado por el hombre. Y como no dejas de buscar el sentido por todas partes, empiezas a sentirte insignificante.

Fíjate... la existencia es absurda, carece de sentido. Obsérvalo... en la existencia no radica sentido alguno. El sentido es algo creado por el ser humano. Y como no dejas de buscar el sentido por todas partes, empiezas a sentirte insignificante.

Constantemente estás buscando el sentido a todo –«¿Qué sentido tiene?»–, y tarde o temprano te darás cuenta de que no hay sentido alguno. ¡Una gran calamidad! Y esta calamidad está sucediendo en Occidente. Los más grandes pensadores de Occidente están actualmente muy angustiados. Y su angustia es: ¿cuál es el sentido de la vida? Da la impresión de ser absurda. Lo que ocurre es que les han formado en la creencia de que sólo se puede vivir con sentido.

Deberían escuchar a Bodhidharma. Deberían acercarse al zen. El zen dice que no hay sentido, ni necesidad de buscarlo. Disfruta de este tremendo sinsentido. No hay propósito alguno. La existencia no va a ninguna parte, carece de toda orientación. Simplemente está aquí; es una celebración, una alegría, una broma. Es lo que los hinduistas llaman *lila*, naturaleza juguetona. Esa palabra es totalmente correcta. *Lila* significa naturaleza juguetona. En un juego uno no pregunta el sentido. En un juego no hay sentido. El juego en sí mismo es la alegría, el gozo.

Desde entonces han aparecido muchos *koans* acerca de Bodhidharma. ¿Qué sentido tiene? ¿Qué sentido tiene su llegada desde el oeste?

El maestro sugirió que antes de proceder con el problema el monje debía hacerle una postración.

El discípulo había llegado con una pregunta. Quería cierta ayuda. Había estado luchando con ella, tal vez durante meses o años... es imposible comprender la paciencia zen. A veces hacen falta veinte años. Un hombre lucha y lucha con el mismo problema, un día tras otro, un año tras otro. Pasan las estaciones y él sólo está ocupado en una cosa. Pierde toda conciencia del mundo. Toda su conciencia está concentrada en un único problema, que en el fondo sabe que carece de sentido. Pero tiene que trabajar en ello, debe taladrar lo suficiente hasta que alcance el punto de no resistencia.

Este hombre puede que lleve trabajando veinte años en el *koan* sin llegar a ninguna parte. Ha venido para pedirle ayuda al maestro. Espera alguna ayuda visible. ¿Qué puede hacer? Algún tipo de indicación, un mapa, algún tipo de guía.

¿Y qué le dice el maestro? Así es como trabajan los maestros zen. Es totalmente irrelevante; el hombre pide ayuda y el maestro dice...

El maestro sugirió que antes de proceder con el problema el monje debía hacerle una postración.

¿Por qué la postración? ¿Por qué pedirle al discípulo que deposite su cabeza a los pies del maestro? Uno nunca sabe. El maestro debe haber mirado en el interior del discípulo, y visto cuál era el problema. El problema no radicaba en el problema, sino en el ego. El monje debía cargar con un ego sutil, y el maestro lo advirtió. Aquel hombre luchaba con el *koan*; podía haber seguido luchando durante eras y no habría llegado a ningún sitio porque el problema radicaba en otro lugar. Era egoísta. De hecho, cuando llegas ante un maestro lo primero que haces es tocarle los pies, pero él no lo había hecho. Cuando llegas ante un maestro, haces una postración de manera natural. Pero él llegó y pidió ayuda.

La ayuda no puede ofrecerse de manera directa. La ayuda sólo puede ofrecerse cuando se es humilde, sino no se puede ayudar. No se trata de que el maestro no quiera darla, pues sí que le gustaría, pero lo que ocurre es que no podrás recibirla a menos que sostengas el cuenco de mendigar en tu corazón, con una actitud no egoísta. Este postrarse no es más que un gesto.

Sólo se puede aprender cuando se abandona el ego. Sí, existen muchos tipos de aprendizaje. Puedes ir a la universidad, pues allí no es necesario abandonar el ego. De hecho, cuanto más egoísta seas mejor lo harás en la universidad, porque el ego compite, el ego es ambicioso, el ego es celoso, y el ego lucha contra los demás. Con ego tendrás más éxito. Si eres humilde no tienes posibilidad alguna de alcanzar una buena posición en la universidad. Has de ser implacablemente competitivo, has de ser violentamente agresivo, muy egoísta, has de creerte que eres el mejor del mundo. Sólo entonces te lloverán las medallas de oro.

Cuando asistes a la universidad vas con el ego, pero cuando llegas ante un maestro se trata de un tipo de aprendizaje completamente distinto, se trata de desaprender. Por eso has de postrarte.

Aparentemente da la impresión de que todo lo que ocurre es que llega una persona para pedir ayuda, para que le ayuden con este problema. Aparentemente da la impresión de que el maestro se muestra egoísta. ¿Por qué pide que le haga una postración? Ése es el problema de la mente egoísta. Si lees esto con un ego en tu mente, te parecerá que este maestro es egoísta. ¿Por qué no le ayuda? El discípulo tiene problemas. En lugar de dedicarse al problema, en lugar de mostrarse compasivo frente al problema, primero le pide que cumpla con una formalidad. ¿Qué clase de maestro es ése? Si lo miras de esa manera no te habrás enterado de nada.

Estas historias son tan profundas que no son accesibles si se enfocan con el ego. El maestro es totalmente no egoísta; por eso es capaz de ver y señalar exactamente dónde radica el problema. Debe haber visto en el interior del hombre. No cuesta mucho. Cuando os acercáis a mí no me cuesta nada ver dónde radica el problema. A veces no digo nada, y a veces os pregunto... Porque el mundo ha cambiado muchísimo. Y por ello, pedirle actualmente a alguien que haga una postración puede prevenirle, pero no ayudarle. El mundo ha cambiado. Esta historia sucedió en un mundo totalmente distinto, en un entorno diferente. Ahora todo el mundo es educado, educado en las maneras del ego.

A veces os pregunto cuál es vuestro problema. Veo tu problema y te pregunto: «¿Cuál es tu problema? Me gustaría que me dijeses algo al respecto». Si considero que te acercas, entonces te doy algunas indicaciones más, te acerco más. Pero en lugar de decir: «Tu problema es tal», en lugar de señalarte directamente el problema, prefiero que me lo reveles. Eso te ayuda a seguir siendo egoísta. Sientes que me lo estás explicando, que me lo cuentas, y tu ego se siente satisfecho. Primero debo persuadir vuestros egos. Pero, claro, ¡al final los persuado para que se suiciden! Pero eso al final. No puedo hacerlo justo al principio. Al principio debo hacer todo lo posible para apoyarlos. Cuando alguien viene a verme le dedico mucha atención. Cuanto más estáis ahí, más empiezo a olvidarme de vosotros.

Mientras el monje se postraba devotamente, el maestro le propinó un buen puntapié.

¡Qué humillante! Primero le pides que se postre y luego le sacudes, le das un puntapié, le tratas como si fuese una pelota de fútbol o una piedra en el camino. Pero fue una buena patada. Le pateó exactamente en el problema. Esa patada puso en marcha algo. La patada funcionó casi como un electroshock.

La inesperada patada resolvió la turbia cuestión en la que el monje se había visto sumergido durante algún tiempo.

¡La patada fue totalmente inesperada! Cuando le estás haciendo una reverencia a una persona, humildemente, no te esperas que te sacuda un puntapié. Estás siendo tan humilde... ¿Cómo esperar algo así? Sí, podrías esperártelo si te estás pegando con alguien, pero cuando te estás entregando, ¿por qué debería sacudirte? Resulta tan inesperado e ilógico...

Pero ésa es su lógica, la auténtica: precisamente por inesperado puede llegar a provocar algo. La mente es incapaz de atajar lo inesperado, y se queda pasmada. No puede explicárselo, de ninguna manera. Está simplemente pasmada. No puede hacer nada al respecto. Resulta tan inesperado, tan loco. La mente se detiene, se abre una rendija, surge un intervalo, provocado por el puntapié.

Pero ese puntapié no se le puede propinar a cualquiera. Pero aquel hombre se lo merecía. Se lo había trabajado durante años. Había llegado a un punto en el que un ligero empujón, una patada, resolvería su problema. Y toda su irresolución desapareció en ese instante. De repente se tornó uno. Desapareció toda su confusión. Por esa rendija entró la luz, la claridad. Con ese puntapié repentino le penetró en el corazón algo parecido a una flecha.

Cuando sintió el pie del maestro, alcanzó la iluminación de inmediato.

El zen es la única religión en el mundo que enseña la iluminación súbita. Dice que la iluminación no requiere tiempo, puede suceder en una décima de segundo. En realidad así es. Puede que debas prepararte durante años, pero siempre que sucede, tiene lugar en una fracción de segundo. No ocurre gradualmente, ni en partes. No ocurre a veces un fragmento, luego otro y más tarde otro más... No creces en esa dirección lentamente. Se trata de un salto. El término exacto proviene de la física: es un salto cuántico. Un salto repentino... y un instante después ya no eres el mismo; ha cambiado toda la conciencia.

Pero recuérdalo: requiere de una gran preparación. No estoy diciendo que tengas que venir ante mí para que te dé un puntapié y suceda. Antes de que te dé un puntapié en la cabeza tendrás que haber taladrado hasta el final. Cuando sólo queda el último núcleo, una pequeña resistencia, cuando estés al borde, entonces será cuando el puntapié te ayudará. Entonces bastará un puntapié y... ¡zas!

> Sí, cuando ves por primera vez, surge de ti una gran carcajada... Una carcajada acerca de la ridiculez de tu miseria, una carcajada acerca de la tontería de todos tus problemas, una carcajada acerca de lo absurdo de tu sufrimiento.

Más tarde le decía a todo el mundo con quien se cruzaba: «Desde que Mat-zu me propinó ese puntapié no he podido dejar de reír».

Sí, cuando ves por primera vez, surge de ti una gran carcajada... Una carcajada acerca de la ridiculez de tu miseria, una carcajada acerca de la tontería de todos tus problemas, una carcajada acerca de lo absurdo de tu sufrimiento. No era necesario. No tenía ningún sentido sufrir; te hallabas sumergido en una pesadilla que tú mismo habías creado. Eras el autor y el actor, y el director, la pantalla, el proyector, el espectador, y todo lo demás. Tú la habías creado. Sólo era una pesadilla. No era necesario permanecer en ella ni un minuto, pero viviste en ella durante millones de años, y de ahí la carcajada.

El discípulo tiene razón cuando dice: «Desde que Mat-zu me propinó ese puntapié no he podido dejar de reír». Sí, así es. Tu miseria es simple estupidez. Es ridícula. Te aferras a ella, y por eso continúa ahí. Y no dejas de gritar: «No la quiero», pero no te separas de ella. Cuando llegue el día en que veas –cuando te den el puntapié y abras los ojos para ver–, no podrás creerte que hayas seguido insistiendo durante tanto tiempo.

Cuando el Buda llegó, alguien le preguntó: «¿Qué habéis logrado?». Él se rió. «Nada –dijo–. De hecho, he perdido algo; no he logrado nada». Y el hombre insistió: «Pero siempre hemos creído que una persona iluminaba lograba algo». «Es un error –contestó el Buda–. He perdido algo, mi miseria. Y no he logrado nada, porque cualquier cosa que pienses que he logrado siempre ha estado ahí, y ahora me río ante tanta ridiculez. ¿Cómo no fui capaz de verlo? Estaba en mí, en mi interior. ¿Por qué no lo veía? ¿Por qué?».

¿Cómo has pasado por alto a Dios? Tú *eres* Dios... ¿Cómo puedes andar en su busca?

Me han contado que...

> Cuando un monje le preguntó a Hui Neng: «¿Cómo se alcanza la budeidad?», éste le propinó una paliza, diciendo: «Si no te pego, todo el mundo se reirá de mí».

¿Qué quiere decir Hui-neng con eso? Pues está diciendo: «El esfuerzo mismo por querer alcanzar la budeidad es una tontería porque tú *eres* un buda. Si no te pego, la gente se reirá de mí, al menos quienes saben. No puedo ayudarte a convertirte en un buda. Ya lo eres».

Ya eres eso que andas buscando... de ahí la carcajada.

Medita esta pequeña parábola. Tiene un tremendo significado. Y esfuérzate, taladra, perfora la mente, para que un día seas merecedor del puntapié.

6. EL CAMINO DE LA PARADOJA (PREGUNTAS Y RESPUESTAS)

¿Qué es la iluminación?

La iluminación es descubrir que no hay nada que descubrir. La iluminación es saber que no hay ningún sitio al que ir. La iluminación es comprender que esto es todo, que esto es perfecto, que esto es ello. La iluminación no es un logro, es comprender que no hay nada que alcanzar, ningún sitio al que ir. Ya estás ahí, nunca te has alejado. No puedes alejarte de ello. Dios nunca ha estado perdido. Tal vez te hayas olvidado, eso es todo. Tal vez te hayas quedado dormido, pero eso es todo. Tal vez te hayas perdido en muchos sueños, pero eso es todo, porque tú estás ahí. Dios es tu propio ser.

> La iluminación es comprender que esto es todo, que esto es perfecto, que esto es ello. La iluminación no es un logro, es comprender que no hay nada que alcanzar, ningún sitio al que ir.

Así que lo primero es que no hay que pensar en la iluminación como en un objetivo, porque no lo es. No es un objetivo, no es algo que se pueda desear. Y si la deseas no la lograrás. Al desear mil y una cosas vas comprendiendo, poco a poco, que todo deseo es fútil. Todo deseo te hace aterrizar en la frustración, todo deseo te arroja una y otra vez en una fosa.

Así ha venido sucediendo desde hace millones de años, pero a pesar de ello empiezas a albergar esperanzas, vuelves a creer que este nuevo deseo que surge, que brota en ti, tal vez te conduzca al paraíso. Que te proporcionará todo aquello que anhelas, que te colmará. La esperanza surge una y otra vez.

La iluminación sucede cuando desaparece toda esperanza. La iluminación es la desaparición de la esperanza.

No te perturbes cuando digo que la iluminación es un estado de desesperanza, porque no es algo negativo. La esperanza deja de surgir, no se crean más deseos. El futuro desaparece. Cuando no hay deseo, no existe necesidad de futuro. La tela del futuro es necesaria para el deseo. Pintas tus deseos en la tela del futuro, cuando en realidad no hay nada que pintar. ¿Para qué debes ir cargando con la tela? Abandónala. ¿Para qué cargar con pinceles y pinturas cuando no hay nada que pintar? Todo eso proviene del pasado. La tela proviene del futuro, y el color, los pinceles, la técnica y todo lo demás, provienen del pasado. Cuando no hay que pintar nada, uno se deshace de la tela, del pincel y de los colores. Y de repente está aquí y ahora.

Eso es lo que el Buda denomina *chittakshana*, un momento de entendimiento, de conciencia. Este momento de conciencia puede suceder en cualquier instante. No requiere de un momento en especial, ni de una postura específica, ni de un lugar particular... Puede suceder en todo tipo de situaciones. *Ha* sucedido en todo tipo de situaciones. Todo lo necesario es que durante un instante no haya pensamiento, ni deseo, ni esperanza. En ese instante, el rayo...

Un día, Chikanzenji segaba las malas hierbas alrededor de un templo en ruinas. Tiró a lo lejos un pedazo de teja y ésta que fue a chocar contra un bambú. Y de repente se iluminó. Y por ello cantó:

Al escuchar el ruido de una teja rota
de repente olvidé todo lo que había aprendido.
Corregir mi naturaleza es inútil.
Al vivir mi vida cotidiana
camino a lo largo del antiguo sendero.
No estoy descorazonado, en un vacío absurdo.
Allí donde voy no dejo huellas
pues no moro en el color o el sonido.
Los iluminados de todas partes han dicho:
«Así es la realización».

Este pobre monje, Chikanzenji, trabajó al menos durante treinta años. Era un buscador auténtico, muy honesto y sincero, un buscador serio. Practicó todo lo que se le dijo que practicase, visitó a muchos maestros, vivió en muchos monasterios. Hizo todo lo humanamente posible. Practicó yoga, *zazen*, esto y aquello, pero nada le sirvió. No sucedió nada; de hecho, su frustración no hizo más que aumentar. Cuantos más métodos fracasaban, más frustrado se sentía.

Leyó todas las escrituras budistas, y eso que hay miles de ellas. De este Chikanzenji se dice que tenía todas esas escrituras en su habitación, y que las leía día y noche. Y su memoria era tan perfecta que incluso podía recitarlas, pero no obstante, no sucedía nada.

Un día quemó toda su biblioteca. Al ver las escrituras ardiendo se rió. Abandonó el monasterio, a su gurú, y se fue a vivir a un templo abandonado y en ruinas. Se olvidó de la meditación, del yoga, de practicar esto o lo otro. Olvidó todo acerca de la virtud, *sila*, olvidó todo acerca de la disciplina, y nunca entró en el templo para venerar al Buda.

185

Pero vivía en ese templo en ruinas cuando sucedió. Segaba las malas hierbas de alrededor del templo, una actividad poco religiosa. No hacía nada específico, nada especial, sólo quitar las malas hierbas, *cuando tiró a lo lejos un pedazo de teja rota y ésta fue a chocar contra un bambú*. En ese momento tuvo lugar el instante de *chittakshana*, de conciencia. En el chocar de la teja contra el bambú tuvo lugar una sacudida, y su mente se detuvo durante un instante. Y en ese mismo momento se iluminó.

> ¿Cómo puede uno iluminarse en un instante? Es posible, porque uno *está* iluminado, y sólo ha de reconocer el hecho.

¿Cómo puede uno iluminarse en un instante? Es posible, porque uno *está* iluminado, y sólo ha de reconocer el hecho. No es algo que suceda desde fuera, sino que surge desde el interior. Siempre estuvo ahí, pero estabas enturbiado, lleno de pensamientos.

Chikanzenji quemó todas las escrituras. Fue simbólico. Ahora ya no pudo recordar nada. Ahora se había olvidado de toda la búsqueda. Había dejado de importarle. Despreocupado, vivía una vida muy ordinaria, ni siquiera seguía siendo monje. Ya no albergaba pretensión alguna, ni objetivos egoicos.

Recuérdalo, existen dos tipos de objetivos egoicos: los mundanos y los ultramundanos. Algunas personas andan a la búsqueda de dinero, otras quieren poder, prestigio, ganar. Otras andan buscando a Dios, *moksha*, nirvana, iluminación. Pero la búsqueda continúa. ¿Y quién busca? El mismo ego.

En el momento en que abandonas la búsqueda también desechas el ego. En el momento en que no hay búsqueda deja de existir el buscador.

Imagina a ese pobre monje –que ya no era ni monje–, viviendo en un templo en ruinas. Sin ningún sitio al que ir, sólo limpiando el suelo, tal vez para plantar algunas verduras o cualquier otra cosa. Dio con un trozo de teja, lo tiró lejos, y le pilló desprevenido. La teja chocó contra el bambú y con ese choque repentino, con ese sonido repentino, se iluminó.

Y dijo: «Al escuchar el ruido de una teja rota/de repente olvidé todo lo que había aprendido».

La iluminación es un proceso de desaprendizaje. Es una ignorancia esencial. Pero dicha ignorancia es muy luminosa y tu conocimiento es muy opaco. Esa ignorancia está muy viva y radiante, y tu conocimiento es muy oscuro y está muerto.

Dijo: «De repente olvidé todo lo que había aprendido». En ese momento no sabía nada. En ese momento no había conocedor, en ese momento no había observador... sólo el sonido. Y uno se despierta de un largo sueño.

Y dijo: «Corregir mi naturaleza es inútil». Ese día sintió que luchaba innecesariamente. «Corregir mi naturaleza es inútil». No necesitas corregirte, no necesitas mejorarte. ¡Todo eso no son más que bobadas! Ándate con ojo con todos esos que no hacen más que insistir en que te mejores, en que te conviertas en esto o lo otro, en que seas virtuoso. Te dicen que esto esta mal y que no lo hagas, que aquello está bien y que lo hagas, que esto te llevará al cielo y aquello al infierno... Quienes te proponen que enmiendes tu naturaleza, que te mejores a ti mismo, son gente muy peligrosa. Son una de las principales causas de que no estés iluminado.

La naturaleza no puede corregirse, debe aceptarse. No existe otro modo. Seas quien seas, seas como seas, así es como eres... eso es lo que eres. Es una gran aceptación. El Buda la llama *tathata*, una gran aceptación.

> Quienes te proponen que enmiendes tu naturaleza, que te mejores a ti mismo, son gente muy peligrosa. Son una de las principales causas de que no estés iluminado.

No hay nada ahí que deba cambiarse. ¿Cómo podrías cambiarlo, y quién es el que lo cambiará? ¿Se trata de tu naturaleza y pretendes intentar cambiarla? Será como un perro persiguiéndose la cola. El perro enloquecerá. Pero los perros no son tan tontos como el ser humano. El ser humano no deja de perseguir su propia cola, y cuanto más difícil le resulta, más salta, y cuanto más lo intenta, más y más estrafalario se vuelve.

No hay que cambiar nada, porque todo es una hermosura... Eso es la iluminación. Todo es como debe ser, todo es perfecto. Éste es el más perfecto de los mundos, y no carece de nada. Experimentarlo así es la iluminación.

¿Por qué el zen es paradójico?

Porque la vida es paradójica, y el zen es un simple reflejo de la vida.

El zen no es una filosofía. Las filosofías nunca son paradójicas, sino muy lógicas, porque son construcciones mentales. El ser humano las fabrica. Son artificiales, hechas a medida, con una disposición lógica, cómoda, de manera que puedas creer en ellas. Todo lo que va en contra de la construcción se ha abandonado, cercenado, descartado.

Las filosofías no reflejan la vida tal cual; seleccionan entre la vida. No están crudas, sino que son construcciones culturales.

El zen es paradójico porque no es una filosofía. El zen no se ocupa de qué es la vida, sino de que sea lo que sea debe reflejarse *tal cual es*. No hay que elegir, porque desde el momento en que eliges todo se torna falso. La elección causa la falsedad. No elijas. Permanece impasible y serás libre.

Pero lo que haces es lo siguiente: te enamoras de una mujer y empiezas a elegir... y al poco tiempo estás metido en grandes problemas. No ves a esa mujer tal cual es, sino que sólo ves lo bueno, pasando por alto lo que no lo es. En ella hay mil y una cosas: unas cuantas buenas y unas cuantas malas, así es como está hecha la gente. Dios nunca hace buenos-buenísimos; serían muy aburridos y espesos, no tendrían fibra, ni sangre en las venas. Dios hace gente viva, y cada persona cuenta con algo que te gusta y con algo que no. ¡Porque no la hacen especialmente para ti! No la han hecho para ti, no ha salido de una cadena de montaje. Es única. Él es él mismo y ella es ella misma.

Cuando te enamoras de una mujer, empiezas a elegir. Pasas por alto muchas cosas. Sí, a veces te das cuenta de que se enfada, pero lo pasas por alto, haces como si no lo vieses. Sólo ves a la diosa, pero no ves a la bruja. ¡Pero la bruja está ahí! Ninguna diosa puede existir sin la bruja; sino la diosa no tendría ningún valor. Sería demasiado buena para ser disfrutada, para ser amada. Y tú no quieres venerar a una mujer, sino amarla. Quieres que una mujer sea humana, no una diosa.

Pero eso es precisamente lo que haces. Pretendes. No quieres ver los factores negativos; empiezas a elegir. Creas una imagen de la mujer que es falsa, que no es verdadera. Tarde o temprano empezarás a sentirte frustrado porque tarde o temprano la realidad de la mujer entrará en colisión con la imagen que te has creado. Y empezarás a sentir que te han engañado o timado, como si esa mujer te hubiese engañado a propósito.

Pero nadie te ha engañado. Tú has sido el autor de todo tu drama. Tú te las has apañado para autoengañarte porque empezaste a elegir. No viste a la mujer tal cual era, como la reflejaría un espejo. Sí, en ella hay cosas hermosas, pero también horribles, porque la belleza nunca existe sin la fealdad, ni la fealdad sin la belleza. Coexisten. Son dos aspectos de la misma moneda.

A veces la mujer era realmente dulce y otras muy amarga. Si te has fijado en ambas cosas te habrá resultado difícil, porque te resultó paradójico. Todo eso no encajaba en tu lógica aristotélica. Parecía ilógico: ¿cómo es posible que una mujer sea ambas cosas? A veces te amaba y a veces te odiaba; de hecho, cuando más profundo era su amor, más profundo era también su odio. A veces estaba dispuesta a morir por ti, y en ocasiones lo que quería era matarte. Una mujer es una energía feroz, igual que un hombre.

> Has elegido unas partes y has desechado otras, y te has creado una imagen, que no durará. Una vez finalice la luna de miel, la realidad se impondrá por sí misma.

Pero te has fabricado un cuento de hadas. Has elegido unas partes y has desechado otras, y te has creado una imagen, que no durará. Una vez finalice la luna de miel, la realidad se impondrá por sí misma. La realidad no puede ser derrotada por tu imaginación y tus ensoñaciones. Tarde o temprano hay que acabar ocupándose de la realidad. Sí, puede posponerse durante un tiempo, pero no para siempre. Y cuando la realidad se impone...

Se irá imponiendo día a día. Cuando un día conoces a una mujer en la playa, es un animal totalmente distinto. Tú también lo eres. Un encuentro de una hora. Ella está preparada para ello, está lista. Lo ha ensayado, se ha pasado horas frente al espejo. Pero no hallarás a la misma mujer si empiezas a vivir con ella veinticuatro horas al día; le resultará imposible estar lista y acicalada. Poco a poco empezará a olvidarse de ti. Sólo se preparará cuando vayáis al cine, sino ni se molestará.

Entonces empezarás a ver otras cosas, que nunca estuvieron ahí. Las pequeñas cosas de la vida, las trivialidades, se irán autoimponiendo. Ella empezará a discutir por nimiedades, y tú también. Las nimiedades desencadenan rabia, molestias y peleas. Pero en la playa no viste nada de todo eso. En la playa sólo viste la luna llena y las olas. En la playa esa mujer no se puso a discutir contigo; decía amén a todo lo que tú decías, y tú asentías a todo lo que ella decía. Estabas tan dispuesto a decir sí que el "no" no era posible.

Pero el no puede esperar para siempre. Acabará manifestándose, asomando a la superficie. En el momento en que aparece el "no", tu imagen salta hecha pedazos. Y entonces crees que esa mujer es injusta contigo.

Este ejemplo no sólo puede aplicarse a hombres y mujeres, sino que es toda la historia de la filosofía. Toda filosofía hace lo mismo. Toda filosofía elige unas pocas cosas de la realidad e intenta permanecer ajena al resto. Y por ello, toda filosofía tiene lagunas. Toda filosofía tiene escapes, toda filosofía puede criticarse, ha de criticarse. Quienes creen en las filosofías pretenden no ver las lagunas, pero quienes no creen sólo ven lagunas, pues eligen desde el otro extremo. Se han criticado todas las filosofías; y la crítica no ha sido errónea; ha sido tan verdadera como la idea del proponente.

Y no sólo ocurre en filosofía, sino también en ciencia. Creamos una cierta teoría y luego nos vamos de luna de miel con ella. Durante unos cuantos años todo marcha estupendamente. Y luego la realidad se impone. La realidad manifiesta unas cuantas cosas y se lo pone difícil a la teoría porque habíamos excluido unos cuantos hechos. Y esos hechos serán los que protesten. Sabotearán la teoría, se impondrán por sí mismos. En el siglo XVIII, la ciencia estaba absolutamente segura, ahora ya no. Ahora ha surgido una nueva teoría, la de la incertidumbre.

Hace unos ciento cincuenta años, Immanuel Kant dio con ello en Alemania. Dijo que la razón es muy limitada; sólo percibe una cierta parte de realidad y empieza a tomarla por el todo. Ése ha sido el problema. Tarde o temprano acabamos descubriendo realidades ulteriores, y el viejo todo entra en conflicto con la nueva visión. Immanuel Kant intentó demostrar que existían límites inevitables para la razón, que la razón es muy limitada. Pero parece que nadie estaba interesado en escuchar, que a nadie le importaba Immanuel Kant. Nadie tiene muy en cuenta a los filósofos.

Pero la ciencia de este siglo ha alcanzado finalmente a Kant. Ahora Heisenberg, en física, y Gadel, en matemáticas, han demostrado los inevitables límites de la razón humana. Nos han mostrado un vislumbre de una naturaleza que es irracional y paradójica en lo más profundo.

Todo lo que hemos estado diciendo hasta el momento sobre la naturaleza es falso. Todos los principios son erróneos porque naturaleza no es sinónimo de razón; la naturaleza es más grande que la razón.

Y el zen no es una filosofía. El zen es un espejo, un reflejo de lo que es. Tal cual es. No añade una filosofía artificial. No tiene elección. No añade ni borra nada. Por eso dicen que el zen es paradójico, porque la vida misma lo es. Obsérvalo y lo comprenderás.

Amas a un hombre y también odias al mismo hombre. Ahora bien, nuestra mente nos dice que eso no está bien, que no debería ser así. Así que pretendemos no hacerlo. Pero es imposible. Si realmente queremos deshacernos de la parte del odio, también deberemos abandonar la del amor. Pero cuando ambas desaparecen, surge la indiferencia.

Esta paradoja está en la propia naturaleza: noche y día, verano e invierno, Dios y diablo, van juntos. El zen dice que si afirmas que Dios es bueno entonces surge un problema: ¿de dónde viene lo malo, de dónde proviene el mal? Eso es lo que han hecho las religiones –cristianismo, islam, judaísmo–: han separado a Dios del demonio. El mal proviene del demonio y el bien de Dios. Dios significa el bien. Pero ¿de dónde sale este demonio? Entonces empiezan a tener problemas y deben conceder finalmente que Dios también creó al demonio. Pero ¿qué sentido tiene dar tanta vuelta? Si el demonio también es una creación de Dios, entonces Dios es la única referencia existente. Entonces Dios es el único autor, pase lo pase está sucediendo a través de él y por tanto es paradójico. Eso es lo que dice el zen: que Dios es paradójico y que la existencia misma también lo es. Dios no es más que otro nombre para la existencia, para la totalidad de la existencia.

Una vez se comprende esta paradoja, surge en uno un gran silencio. Entonces no hay elección, no tiene sentido. Las cosas son juntas. No puedes convertirte en santo, porque si quieres ser santo deberás negar tu demonio; deberás partirte en dos. Deberás obligar a tu demonio a que more en el vientre, y el demonio permanecerá allí y no hará más que sabotear tu santidad. El zen aporta salud a la humanidad. Afirma que eres ambos. Acepta ambos. No niegues, no elijas, acepta ambos. Y en esa aceptación reside la trascendencia, y en esa aceptación no eres ni santo ni demonio.

Eso es lo que es un hombre santo, ni bueno ni malo, o ambos. Y cuando una persona es ambos, cuando es ambos conscientemente, entonces los opuestos se anulan entre sí. Intenta comprenderlo, pues es fundamental. Cuando aceptas tanto el bien como el mal y no eliges, ambos se anulan entre sí. Lo negativo y lo positivo se anulan. De repente surge el silencio. No hay ni bien ni mal; sólo existencia, sin discernimiento.

El zen es acrítico, imparcial, neutro. Te proporciona la libertad esencial de ser.

El zen es acrítico, imparcial, neutro. Te proporciona la libertad esencial de ser.

¿Puede explicar en pocas palabras cuál es el secreto más básico del zen?

Soltar.

La vida se manifiesta a sí misma cuando no te agarras a ella, cuando no te apegas, cuando no acaparas, cuando no eres miserable. Cuando estás suelto y dispuesto a soltar, cuando no cierras el puño, cuando tienes la mano abierta. La vida se revela a sí misma llanamente cuando no te agarras a ella ni de sentimiento ni de pensamiento.

Desapego, ése es el secreto, todo el secreto, todo un arte. Todo lo que se guarda acaba estropeándose, todo. Acumula algo y lo matarás, acumula y se ranciará. La razón es que todo lo que es importante, vivo y en movimiento, es momentáneo.

Al acumularlo pretendes convertirlo en permanente. Amas a una mujer, amas a un hombre, y quieres poseerla, o poseerle, quieres que sea permanente. Puede ser eterno, pero no permanente. Debes entenderlo. Inténtalo. Es momentáneo, pero si vives el momento soltando por completo, entonces es eterno. Un momento vivido por completo, en un estado mental relajado, es la eternidad. Pero no vives en el momento y no sabes qué es la eternidad, y por ello quieres convertirlo en permanente. Quieres que también dure mañana, y al día siguiente, también al año siguiente, y tal vez en la próxima vida. Quieres acumularlo.

Estas tres palabras son muy importantes: momentáneo, permanente, eterno. En los diccionarios normales y corrientes, el significado de eterno parece ser: "para siempre jamás". Es erróneo. Ése no es el significado de eterno, sino de permanente. Entonces la permanencia se transforma en eternidad, pero no es así.

Eternidad no es duración; eternidad es profundidad en el momento. Eternidad es parte de lo momentáneo, no está contra lo momentáneo. Lo que está en contra de lo momentáneo es lo permanente.

Si profundizas en el momento, si te dejas hundir en lo momentáneo, disolviéndote por completo en ello, tendrás un vislumbre de eternidad. Todo momento vivido total y relajadamente es eternidad.

La eternidad está siempre presente. El "ahora" es parte de la eternidad, no parte del tiempo.

Soltar... al igual que una hoja desciende en la corriente de un arroyo.

Basho cantó:

Cuando relampaguea el rayo,
qué admirable quien no piensa
que la vida es efímera.

Una tremenda declaración. Ésa es la belleza de la gente zen, que no hallarás en ningún otro lugar. Es algo único del zen. Los predicadores y sacerdotes religiosos ordinarios no dejan de afirmar que la vida es efímera, que la vida pasa, que se escapa. Te crean el deseo de acumular, de codiciar. Y crean la ambición por el otro mundo: el cielo, paraíso, nirvana, o lo que sea. «La vida es efímera; antes de que desaparezca debes utilizar este tiempo para acumular algo para el otro mundo, por ejemplo algo de virtud.»

Y dice Basho:

Cuando relampaguea el rayo,
qué admirable quien no piensa
que la vida es efímera.

Y el mismo poeta también dice:

El día despunta
y pronto le sigue la noche.
La vida es efímera como el rocío.
Y no obstante, la ipomea,
despreocupada,
florece y florece
su vida corta y completa.

Fíjate en esa frase: *su vida corta y completa*. Corta pero completa. A la gente zen le gusta mucho la ipomea, también conocida como «"dondiego de día", y la razón es que se abre por la mañana y desaparece por la noche. Ahí está, por la mañana, tan hermosa, auténtica y real, y por la noche se desvanece, caída en el suelo, dispuesta a desaparecer.

La ipomea es un símbolo exacto para la vida. Cuando la ipomea florece, en esa vidita, en ese corto espacio de tiempo, su floración es completa. Es total, y no le falta nada. Esos pocos instantes son suficientes. Es un contacto de eternidad.

Vivís durante setenta años, pero no vivís realmente. Un acaparador nunca vive, un miserable nunca vive.

Y me preguntas: «¿Puede explicar en pocas palabras cuál es el secreto más básico del zen?». Soltar, y desapego.

Dogen le dijo a su maestro:

–He experimentado el abandono del cuerpo y la mente.

El maestro Nyojo exclamó:

–¿Entonces a qué esperas? Abandona eso también.

Había una pequeña duda por parte de Dogen; no entendió. Así que el maestro le atizó fuerte en la cabeza, y Dogen rió. Lo pilló al vuelo. Hizo una reverencia a su maestro, y éste dijo:

–Eso es abandonar el abandono.

«Eso es abandonar el abandono»... Eso es relajación completa, un completo soltar. Se suelta incluso el nirvana, incluso a Dios, incluso la espiritualidad. Incluso se suelta la meditación. La meditación es perfecta cuando se suelta. Habrás llegado cuando te olvides incluso de la iluminación. Eso es relajación total; eso es soltar.

Justo antes de fallecer, a los sesenta años, Basui se sentó en la postura del loto y dijo a quienes le rodeaban: «No os confundáis. Mirad directamente. ¿Qué es esto?». Volvió a repetirlo en voz muy alta, una y otra vez, luego se rió, se relajó, cayó al suelo y murió.

Les estaba mostrado a sus discípulo qué era la relajación absoluta, ese soltar. «No os confundáis. Mirad directamente. ¿Qué es esto?». El maestro estaba muriendo, así que los discípulos debían estar muy atentos. Pensaban que iba a morir, pero de repente se sentó en la postura del loto, algo totalmente inesperado. Puede que estuvieran dormitando, pero ya no pudieron seguir haciéndolo. ¿Qué es lo que estaba haciendo el viejo? Les gritó tres veces: «No os confundáis. Mirad directamente. ¿Qué es esto?». Y se río, se relajó, cayó al suelo y murió.

Morir de manera relajada y vivir de manera tan relajada es de lo que trata del zen. Ése es el secreto, su arte.

SOBRE EL AUTOR

Las enseñanzas de Osho desafían toda clasificación y lo abarcan todo, desde la búsqueda individual de sentido hasta los más urgentes temas sociales y políticos de la sociedad actual. Sus libros no han sido escritos sino transcritos de grabaciones sonoras y vídeos de charlas improvisadas ofrecidas en respuesta a preguntas de discípulos y visitantes, a lo largo de un período de 35 años. El *Sunday Times* de Londres ha descrito a Osho como uno de los «mil artífices del siglo XX», y el autor norteamericano Tom Robbins le ha calificado como «el hombre más peligroso desde Jesucristo».

Acerca de su propia obra, Osho ha dicho que está ayudando a crear las condiciones para el nacimiento de un nuevo tipo de ser humano. Suele tipificar a este nuevo ser humano como «Zorba el Buda», capaz de disfrutar tanto de los placeres terrenales como un Zorba el Griego, como de la silenciosa serenidad de un Gautama el Buda. Discurriendo como un hilo conductor, a lo largo de la obra de Osho hay una visión que abarca la sabiduría eterna de Oriente y el potencial más elevado de la ciencia y tecnologías occidentales.

Osho también es famoso por su revolucionaria contribución a la ciencia de la transformación interior, con un enfoque de la meditación que tiene en cuenta el ritmo acelerado de la vida contemporánea. Sus incomparables «Meditaciones activas» están diseñadas para, en primer lugar, liberar las tensiones acumuladas en cuerpo y mente, de manera que resulte más fácil experimentar el estado relajado y libre de pensamientos de la meditación.

Sobre el autor existen dos obras autobiográficas disponibles: *Autobiografía de un místico espiritualmente incorrecto* (Kairós, 2001) y *Vislumbres de una infancia dorada* (Gaia Ediciones, 1999).

OSHO®

INTERNATIONAL MEDITATION RESORT

El Resort de Meditación fue creado por Osho con el fin de que las personas puedan tener una experiencia directa y personal con una nueva forma de vivir, con una actitud más atenta, relajada y divertida. Situado a unos 160 kilómetros al sudeste de Mumbai (antigua Bombay) en Pune, India, el resort ofrece una amplia variedad de programas para los miles de visitantes anuales, procedentes de más de cien países de todo el mundo. En principio desarrollado como lugar de retiro veraniego para los maharajás y los colonialistas británicos, Pune es actualmente una moderna y vibrante ciudad que alberga varias universidades e industrias de tecnología punta. El Resort de Meditación se extiende a lo largo de 13 hectáreas, en un arbolado suburbio conocido como Koregaon Park. El complejo proporciona alojamiento de lujo a un número limitado de huéspedes en una nueva *Guesthouse* (casa de huéspedes), y existen además numerosos hoteles y apartamentos particulares en las proximidades que ofrecen la posibilidad de realizar estancias de entre unos pocos días y varios meses.

Los programas del Resort están basados en la visión de Osho acerca del que cualitativamente será un nuevo tipo de ser humano, capaz tanto de participar creativamente en la

vida cotidiana como de relajarse en el silencio y la meditación. La mayoría de los programas se desarrollan en instala-
ciones modernas, provistas de aire acondicionado, e incluyen
diversas sesiones individuales, cursos y talleres dedicados tanto a las artes creativas como a tratamientos de salud holísticos,
crecimiento personal y terapias, ciencias esotéricas, el enfoque
"zen" de los deportes y el esparcimiento, cuestiones relacio-
nales e importantes transiciones en las vidas de hombres y mujeres. A lo largo del año se ofrecen tanto sesiones individuales
como talleres grupales, junto con un programa diario de meditaciones. Los restaurantes y cafeterías al aire libre que existen
en el complejo sirven comida tradicional india así como una
variedad de platos internacionales, en los que se utilizan verduras biológicas cultivadas en la granja del centro. El Resort
también cuenta con un suministro propio de agua potable y fil-
trada. Véase www.osho.com/resort.

MÁS INFORMACIÓN

www.osho.com es un completísimo sitio web en diferentes idiomas que ofrece una visita virtual al Osho® International Meditation Resort, una tienda on-line con un catálogo de libros, cintas y grabaciones de audio descargables, una lista de los centros de información Osho en todo el mundo y una selección de las charlas de Osho.

Osho Internacional
Nueva York
E-mail: oshointernational@oshointernational.com
www.osho.com/oshointernational

Lecturas Recomendadas
Si deseas conocer algo más acerca de Osho, su visión y sus revolucionarias técnicas de meditación puedes leer:

En editorial Kairós:
El ABC de la iluminación
Libro de la vida y la muerte
Autobiografía de un místico espiritualmente incorrecto
Música ancestral en los pinos
La sabiduría de las arenas

Dang, dang, doko, dang
El sendero del yoga
El sendero del Tao
Ni agua, ni luna

En otras editoriales:

Meditación: la primera y la última libertad. (Gaia Ediciones, 1998). Más de 60 técnicas de meditación explicadas
en detalle, las meditaciones dinámicas, instrucciones,
obstáculos, dudas…

El libro de los secretos. (Gaia Ediciones, 2003). *Comenta-*
rios sobre el Vigyana Bahirava Tantra. Una nueva visión sobre la ciencia de la meditación.

Tarot Osho Zen. (Gaia Ediciones, 1998).

Música

El sello NEW EARTH ofrece en CD todas las músicas de las
meditaciones dinámicas diseñadas por Osho con sus respecti-
vas instrucciones. De venta en librerías especializadas y en la
página web.

Tarot

Osho Zen Tarot (Neo Person): Un nuevo concepto del tarot
basado en una visión zen de la vida. Su énfasis está dirigido a
profundizar en el momento presente.